DOMAIN-DRIVEN DESIGN
DESTILADO

DOMAIN-DRIVEN DESIGN DESTILADO

VAUGHN VERNON

ALTA BOOKS
GRUPO EDITORIAL
Rio de Janeiro, 2024

Domain-Driven Design Destilado

Copyright © 2024 ALTA BOOKS

ALTA BOOKS é uma empresa do Grupo Editorial Alta Books (Starlin Alta Editora e Consultoria Ltda.)

Copyright © 2016 Vaughn Vernon.

ISBN: 978-85-508-2124-5

Authorized translation from the English language edition, entitled Domain-Driven Design Distilled, 1st Edition ISBN 9780134434421, Copyright © 2016 Vaughn Vernon, published by Pearson Education, Inc., publishing as Addison-Wesley Professional. This translation is published and sold by permission of the same, which owns or controls all rights to publish and sell. PORTUGUESE language edition published by Grupo Editorial Alta Books Ltda., Copyright © 2024 by STARLIN ALTA EDITORA E CONSULTORIA LTDA.

Impresso no Brasil — 1ª Edição, 2024 — Edição revisada conforme o Acordo Ortográfico da Língua Portuguesa de 2009.

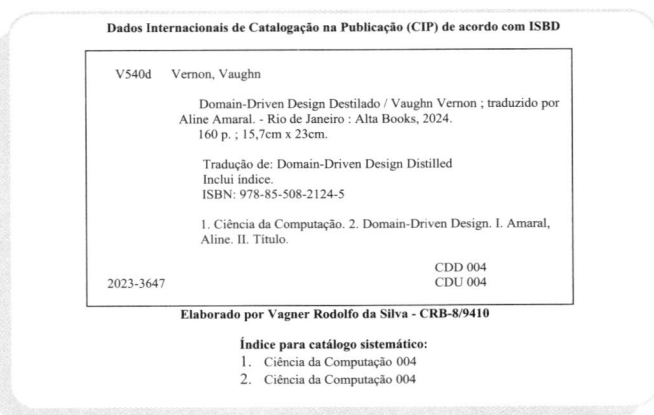

Todos os direitos estão reservados e protegidos por Lei. Nenhuma parte deste livro, sem autorização prévia por escrito da editora, poderá ser reproduzida ou transmitida. A violação dos Direitos Autorais é crime estabelecido na Lei nº 9.610/98 e com punição de acordo com o artigo 184 do Código Penal.

O conteúdo desta obra fora formulado exclusivamente pelo(s) autor(es).

Marcas Registradas: Todos os termos mencionados e reconhecidos como Marca Registrada e/ou Comercial são de responsabilidade de seus proprietários. A editora informa não estar associada a nenhum produto e/ou fornecedor apresentado no livro.

Material de apoio e erratas: Se parte integrante da obra e/ou por real necessidade, no site da editora o leitor encontrará os materiais de apoio (download), errata e/ou quaisquer outros conteúdos aplicáveis à obra. Acesse o site www.altabooks.com.br e procure pelo título do livro desejado para ter acesso ao conteúdo..

Suporte Técnico: A obra é comercializada na forma em que está, sem direito a suporte técnico ou orientação pessoal/exclusiva ao leitor.

A editora não se responsabiliza pela manutenção, atualização e idioma dos sites, programas, materiais complementares ou similares referidos pelos autores nesta obra.

Produção Editorial: Grupo Editorial Alta Books
Diretor Editorial: Anderson Vieira
Vendas Governamentais: Cristiane Mutüs
Gerência Comercial: Claudio Lima
Gerência Marketing: Andréa Guatiello
Assistente Editorial: Isabella Gibara; Viviane Corrêa
Tradução: Aline Amaral
Copidesque: Renan Amorim
Revisão: Rafael Oliveira; Kamila Wozniak
Diagramação: Natalia Curupana
Revisão Técnica: Jorge André
(Analista de Sistemas
Mestre em Ciências Computacionais)

Rua Viúva Cláudio, 291 — Bairro Industrial do Jacaré
CEP: 20.970-031 — Rio de Janeiro (RJ)
Tels.: (21) 3278-8069 / 3278-8419
www.altabooks.com.br — altabooks@altabooks.com.br
Ouvidoria: ouvidoria@altabooks.com.br

Nicole e Tristan
Conseguimos de novo!

Sumário

Prefácio XI
Para Quem É Este Livro? XII
O Que Este Livro Abrange XIII
Convenções XIV

Agradecimentos XV

Sobre o Autor XVII

O DDD para Mim 1
O DDD Vai Doer? 2
O Design Bom, o Ruim e o Eficiente 3
Design Estratégico 7
Design Tático 9
O Processo de Aprendizagem e Aperfeiçoamento do Conhecimento ... 10
Vamos Começar! 10

Design Estratégico com Contextos Delimitados e Linguagem Ubíqua ... 11
Especialistas de Domínio e Drivers de Negócio ... 17
Estudo de Caso 20
Design Estratégico Fundamental Necessário 24
Questionar e Unificar 28
Desenvolvendo uma Linguagem Ubíqua 33
    Colocando Cenário em Ação 37
    E o Longo Prazo? 39
Arquitetura 40
Resumo 42

Design Estratégico com Subdomínios 43
O que é um Subdomínio? 44

Os Tipos de Subdomínios 44
Lidando com a Complexidade 45
Resumo 48

Design Estratégico com Mapeamento de Contexto. 49
Tipos de Mapeamentos 52
    Parceria. 52
    Núcleo Compartilhado 53
    Cliente-Fornecedor 53
    Conformista 54
    Camada Anticorrupção 54
    Serviço de Host Aberto 55
    Linguagem Publicada 56
    Caminhos Separados. 56
    Grande Bola de Lama 57
Fazendo Bom Uso do Mapeamento de Contexto 59
    RPC com SOAP 60
    HTTP RESTful 61
    Mensagens 63
Um Exemplo no Mapeamento de Contexto. 68
Resumo 71

Design Tático com Agregados 73
Por que É Usado. 74
Regras de Ouro dos Agregados. 79
    Regra nº 1: Proteger Invariantes de Negócios Dentro dos
        Limites de Agregado. 80
    Regra nº 2: Projete Agregados Pequenos 81
    Regra nº 3: Referencie Outros Agregados Apenas por Identidade . . .82
    Regra nº 4: Atualize Outros Agregados Usando
        Consistência Eventual. 83
Modelagem de Agregados. 86
    Escolha Suas Abstrações com Cuidado 91
    Dimensionando Corretamente os Agregados. 93

Unidades Testáveis...........................95
Resumo....................................96

Design Tático com Eventos de Domínio 97
Projetando, Implementando e Usando Eventos de Domínio 99
Fornecimento de Eventos.....................105
Resumo....................................107

Ferramentas de Aceleração e Gestão......................109
Tempestade de Eventos......................110
    Outras Ferramentas.....................120
Gerenciando DDD em um Projeto Ágil........................121
    Primeiro o Mais Importante..............123
    Use a Análise SWOT.....................124
    Modelagem Experimental e Dívida de Modelagem.............125
    Identificando Tarefas e Estimando o Esforço..................126
Modelagem Temporal........................129
    Como Implementar......................130
    Interagindo com Especialistas de Domínio..................131
Resumo....................................133

Referências 135
Índice 137

Prefácio

Por que a construção de modelos é uma atividade tão divertida e compensadora? Eu amo construir modelos desde criança. Naquela época, geralmente construía modelos de carros e aviões. Não sei onde estava a LEGO naqueles tempos. Ainda assim, ela fez parte da vida do meu filho desde muito jovem. É tão fascinante idealizar e construir modelos com aquelas pequenas peças. É fácil criar modelos básicos, e parece possível estender a criatividade de forma quase ilimitada.

Você provavelmente deve se lembrar de algum tipo de construção de modelos na infância.

Os modelos se aplicam a muitas situações na vida. Se você gosta de jogos de tabuleiro, está usando modelos. Pode ser um modelo de bens imobiliários e proprietários de imóveis, de ilhas e sobreviventes, territórios e construção, e muito mais. Da mesma forma, videogames são modelos. Talvez eles modelem um mundo de fantasia com personagens extravagantes em papéis fantásticos. Um baralho de cartas e jogos desse tipo modelam poder. Utilizamos modelos o tempo todo e com tanta frequência que nem sequer lhes damos o devido reconhecimento. Os modelos simplesmente fazem parte da nossa vida.

Mas por quê? Todo mundo tem um estilo de aprendizagem. Existe uma grande quantidade de estilos de aprendizagem, mas três dos estilos mais mencionados são o auditivo, o visual e o tátil. Os aprendizes auditivos aprendem ouvindo e escutando. Os aprendizes visuais aprendem lendo ou vendo imagens. Os aprendizes táteis aprendem fazendo algo que envolva o toque. É interessante notar que cada estilo de aprendizagem é muito favorecido pelo indivíduo a partir do nível de dificuldade que ele ou ela tenha com os outros tipos de aprendizagem. Aprendizes táteis, por exemplo, têm facilidade de se lembrar do que fizeram, mas podem ter dificuldade de lembrar do que foi dito durante o processo. Com a construção de modelos, podemos imaginar que aprendizes visuais e táteis teriam uma enorme vantagem sobre os aprendizes auditivos, pois a construção de modelos parece envolver muito estímulo visual e de toque. Entretanto, isso nem sempre é verdade, especialmente se uma equipe de construtores de modelos usa a comunicação audível no processo de construção. Em outras palavras, a construção de modelos nos dá a possibilidade de acomodar o estilo de aprendizagem da maioria dos indivíduos.

Com a afinidade natural que temos com o aprendizado por meio da construção de modelos, por que não teríamos o desejo natural de modelar os softwares que vêm nos ajudando e influenciando cada vez mais nossa vida? Na verdade, modelar softwares parece ser, bem, humano. E deveríamos fazer isso. Acho que os humanos devem ser construtores de modelos de software de elite.

É meu grande desejo ajudá-lo a ser o mais humano possível ao fazer a modelagem de software, utilizando algumas das melhores ferramentas disponíveis para isso. Essas ferramentas são inclusas em uma categoria que recebe o nome de "Domain-Driven Design" ou DDD. Essa caixa de ferramentas, que é, na verdade, um conjunto de padrões, foi codificada pela primeira vez por Eric Evans no livro *Domain-Driven Design: Atacando a complexidade no coração do software* [DDD]. Minha visão é trazer o DDD ao máximo de pessoas possível. Para deixar bem claro, se eu precisar dizer que quero levar o DDD às massas, que assim seja. É onde o DDD merece estar, e o DDD é a caixa de ferramentas que os seres humanos orientados a modelos merecem usar para criar modelos de software mais avançados. Com este livro, estou determinado a tornar o aprendizado e o uso do DDD simples e fácil e levar esse aprendizado ao público mais amplo possível.

Para aprendizes auditivos, o DDD oferece a perspectiva de aprendizagem pela comunicação da equipe de construção de um modelo baseado no desenvolvimento de uma *Linguagem Ubíqua*. Para alunos visuais e táteis, o processo de utilização das ferramentas do DDD é muito visual e prático, pois sua equipe modela tanto estratégica quanto taticamente. Isso se mostra verdade especialmente ao elaborarmos *Mapas de Contexto* e modelar o processo de negócio usando *Tempestade de Eventos*. Assim, acredito que o DDD pode apoiar a todos que queiram aprender e alcançar a grandeza por meio da construção de modelos.

Para Quem É Este Livro?

Este livro é para todos os interessados em aprender sobre os aspectos e as ferramentas mais importantes do DDD e em aprender rapidamente. Os leitores mais comuns são arquitetos e desenvolvedores de software que colocarão o DDD em prática em seus projetos. Muito frequentemente, os desenvolvedores de software rapidamente descobrem a beleza do DDD e se sentem atraídos por suas poderosas ferramentas. Mesmo assim, tornei o assunto compreensível para os executivos, especialistas de domínio, gerentes, analistas de negócios, arquitetos de informação e testadores. Realmente, não há limite para aqueles que estão na indústria da tecnologia da informação (TI) e nos ambientes de pesquisa e desenvolvimento (P&D), que podem se beneficiar da leitura deste livro.

Se você for consultor e estiver trabalhando com um cliente para o qual recomendou o uso do DDD, recomende este livro como forma de acelerar o processo de atualização das principais partes interessadas. Se tiver desenvolvedores — talvez de nível júnior ou médio ou mesmo de nível sênior — trabalhando no seu projeto que não estão familiarizados com o DDD, mas que precisarão usá-lo muito em breve, certifique-se de que eles leiam este livro. Se fizerem isso, no mínimo, todos os interessados e desenvolvedores do projeto terão o vocabulário e compreenderão as principais ferramentas do DDD que estão sendo utilizadas. Isso lhes permitirá compartilhar as coisas de forma significativa à medida que o projeto avança.

Independentemente do seu nível de experiência ou papel, leia este livro e depois coloque o DDD em prática em um projeto. Em seguida, releia este livro e veja o que pode aprender com suas experiências e onde você pode melhorar no futuro.

O Que Este Livro Abrange

O primeiro capítulo, "O DDD para Mim", explica o que o DDD pode fazer por você e sua organização e fornece uma visão mais detalhada do que será aprendido e por que isso é importante.

O Capítulo 2, "Design Estratégico com Contextos Delimitados e Linguagem Ubíqua", apresenta o design estratégico e ensina sobre os fundamentos do DDD, os *Contextos Delimitados* e a *Linguagem Ubíqua*. O Capítulo 3, "Design Estratégico com Subdomínios", explica os *Subdomínios* e como você pode usá-los para lidar com a complexidade de integração com os sistemas existentes à medida que modela suas novas aplicações. O Capítulo 4, "Design Estratégico com Mapeamento de Contexto", ensina a variedade de formas em que as equipes trabalham em conjunto e de modo estratégico e como seu software pode se integrar. Isso é chamado de *Mapeamento de Contexto*.

O Capítulo 5, "Design Tático com Agregados", volta sua atenção para a modelagem tática com *Agregados*. Uma importante e poderosa ferramenta de modelagem tática a ser usada com os *Agregados* são os *Eventos de Domínio*, tema do Capítulo 6, "Design Tático com Eventos de Domínio".

Finalmente, no Capítulo 7, "Ferramentas de Aceleração e Gestão", o livro destaca algumas ferramentas de aceleração e gestão de projeto que podem ajudar as equipes a estabelecer e manter um bom ritmo. Esses dois tópicos raramente são discutidos em outras fontes de conteúdo sobre DDD e são extremamente necessários para quem está determinado a colocar o DDD em prática.

Convenções

Há apenas algumas convenções que devemos ter em mente ao ler este livro. Todas as ferramentas de DDD sobre as quais discorro estão impressas em itálico. Por exemplo, você lerá sobre *Contextos Delimitados* e *Eventos de Domínio*. Outra convenção é que todo código-fonte é apresentado na fonte Courier monoespaçada. Siglas e abreviaturas para as obras listadas nas Referências aparecem entre colchetes ao longo dos capítulos.

Mesmo assim, o que este livro mais enfatiza, e do que seu cérebro gostará muito, é a aprendizagem visual com muitos diagramas e figuras. Você notará que não há números de figuras no livro, pois não queria distraí-los com eles. Em todos os casos, as figuras e os diagramas precedem o texto que as discute, o que significa que os visuais gráficos introduzem pensamentos à medida que você lê o livro. Isso significa que, quando estiver lendo o texto, você poderá contar com a referência à figura ou ao diagrama anterior como auxílio visual.

Agradecimentos

Este já é meu terceiro livro dentro do estimado selo da Addison-Wesley. É também a terceira vez que trabalho com meu editor, Chris Guzikowski, e com o editor de desenvolvimento, Chris Zahn, e tenho o prazer de dizer que a terceira vez foi tão encantadora quanto as duas primeiras. Mais uma vez, obrigado por ter escolhido publicar os meus livros.

Como sempre, um livro não pode ser escrito e publicado com sucesso sem feedback crítico. Desta vez, recorri a uma série de profissionais de DDD que não necessariamente ensinam ou escrevem sobre isso, mas que trabalham em projetos ao passo que ajudam outros a utilizar essa poderosa caixa de ferramentas. Senti que esse tipo de profissionais era crucial para garantir que este material agressivamente destilado dissesse exatamente o que fosse necessário e da forma correta. A ideia é que, se quiser que eu fale por 60 minutos, dê-me 5 minutos para me preparar; se quiser que eu fale por 5 minutos, dê-me algumas horas para me preparar.

Em ordem alfabética de sobrenome, as pessoas que mais me ajudaram foram Jérémie Chassaing, Brian Dunlap, Yuji Kiriki, Tom Stockton, Tormod J. Varhaugvik, Daniel Westheide e Philip Windley. Muito obrigado!

Sobre o Autor

Vaughn Vernon é um desenvolvedor de software veterano e líder de pensamento na simplificação do design e implementação de software. Ele é o autor dos best-sellers *Implementando Domain-Driven Design* e *Reactive Messaging Patterns with the Actor Model* [sem publicação no Brasil]. Já ministrou sua Oficina IDDD em todo o mundo para centenas de desenvolvedores de software. Vaughn é palestrante frequente em conferências do setor. Seu maior interesse é na computação distribuída, em mensagens e, principalmente, no Modelo de Atores. Vaughn é especialista em consultoria de Domain-Driven Design e DDD utilizando o Modelo de Atores com Scala e Akka. Você pode acompanhar os trabalhos mais recentes de Vaughn lendo seu blog no endereço: www.VaughnVernon.com [conteúdo em inglês] e seguindo sua conta no Twitter: @VaughnVernon.

Capítulo 1
O DDD para Mim

Você quer aprimorar seu ofício e ser mais bem-sucedido nos projetos. Está ansioso para ajudar sua empresa a competir em novos patamares usando os softwares que cria. Quer implementar um software que não só modele corretamente as necessidades de sua empresa, mas que também atue em grande escala utilizando as mais avançadas arquiteturas de software. Aprender sobre o *Domain-Driven Design* (DDD) pode ajudá-lo a realizar rapidamente tudo isso e mais.

O DDD é um conjunto de ferramentas que auxiliam na concepção e implementação de softwares que oferecem alto valor, tanto estratégica como taticamente. Sua organização não pode ser a melhor em tudo, por isso é melhor escolher cuidadosamente no que deve se destacar. As ferramentas de desenvolvimento estratégico do DDD ajudam você e sua equipe a fazer as melhores escolhas de design de software de forma competitiva e a tomar boas decisões de integração para sua empresa. Sua organização se beneficiará mais dos modelos de software que reflitam explicitamente suas competências centrais. As ferramentas de desenvolvimento tático do DDD podem ajudar você e sua equipe a projetar softwares úteis que modelam com precisão as operações específicas da empresa. Sua organização deverá se beneficiar das amplas opções para implantar suas soluções em uma variedade de infraestruturas, seja localmente ou na nuvem. Com o DDD, você e sua equipe poderão realizar os projetos e implementações de software mais eficazes necessários para o sucesso no atual cenário empresarial competitivo.

Neste livro, eu destilei o DDD para você, com o tratamento condensado das ferramentas de modelagem estratégica e tática. Compreendo as demandas particulares do desenvolvimento de software e os desafios que enfrentamos ao trabalhar para melhorar nosso ofício em um setor cujo ritmo é acelerado. Nem sempre é possível passar meses lendo sobre um assunto como o DDD, ainda mais se queremos pôr o DDD em prática o mais rápido possível.

Sou o autor do best-seller *Implementando Domain-Driven Design* [IDDD], e também criei e ministro a Oficina IDDD, que dura três dias. E agora também escrevi este livro para lhe trazer o DDD de forma agressivamente condensada. Tudo isso faz parte do meu compromisso de levar o DDD a todas as equipes de desenvolvimento de software, onde merece estar. Meu objetivo, naturalmente, inclui trazer o DDD até vocês.

O DDD Vai Doer?

Você já deve ter ouvido falar que o DDD é uma abordagem complicada ao desenvolvimento de software. Complicada? Decerto, não necessariamente complicada. Na verdade, o DDD é um conjunto de técnicas avançadas a serem utilizadas em projetos de software complexos. Devido ao seu poder e ao quanto é preciso aprender, sem instruções de especialistas, pode ser assustador pôr o DDD em prática por conta própria.

Você provavelmente já descobriu também que alguns dos outros livros de DDD têm muitas centenas de páginas e estão longe de ser fáceis de consumir e executar. Foram necessárias muitas palavras para explicar o DDD em detalhes, a fim de fornecer uma referência de implementação abrangente sobre mais de uma dúzia de tópicos e ferramentas do DDD. Esse esforço resultou no *Implementando Domain-Driven Design* [IDDD]. Este livro novo e mais condensado foi escrito para familiarizá-lo com as partes mais importantes do DDD da maneira mais simples e rápida possível. Por quê? Porque algumas pessoas se sentem sobrecarregadas com os textos maiores e precisam de um guia destilado para ajudá-las a dar os primeiros passos para aderir ao DDD. Descobri que quem utiliza o DDD revisita a literatura sobre o assunto várias vezes. Na verdade, você pode até concluir que nunca aprenderá o suficiente, de modo que precisará utilizar este livro como referência rápida e consultar outros livros para maiores detalhes conforme aprimora seu trabalho. Outras pessoas têm tido dificuldade de convencer seus colegas e sua equipe administrativa a usar o DDD. Este livro o ajudará, não apenas por explicar o DDD em um formato condensado, mas também mostrando que existem ferramentas disponíveis para acelerar e administrar seu uso.

Naturalmente, não é possível ensinar tudo sobre o DDD neste livro, pois destilei propositadamente as técnicas de DDD para você. Para uma abordagem mais aprofundada, veja meu livro *Implementando Domain-Driven Design* [IDDD] e considere participar da minha Oficina IDDD. Esse curso intensivo de três dias, que tenho ministrado no mundo todo para um amplo público de centenas de desenvolvedores, vai ajudá-lo a se informar rapidamente sobre o DDD. Também realizo treinamento de DDD online pelo site http://ForComprehension.com [conteúdo em inglês].

A boa notícia é que o DDD não tem que doer. Como você provavelmente já lida com a complexidade de seus projetos, poderá aprender a usar o DDD para reduzir a dor de vencer a complexidade.

O Design Bom, o Ruim e o Eficiente

Muitas vezes, as pessoas falam sobre design bom e design ruim. De qual tipo você projeta? Diversas equipes de desenvolvimento de software nem sequer pensam no design. Em vez disso, elas executam o que chamo de "embaralhamento do quadro de tarefas". Nele, a equipe tem uma lista de tarefas de desenvolvimento, com backlog de tarefas pendentes de produtos Scrum, onde simplesmente movem uma nota adesiva da coluna "Para fazer" para a coluna "Em andamento". A criação do backlog de tarefas pendentes e a realização do "embaralhamento do quadro de tarefas" constituem a totalidade dos cuidadosos insights sobre o assunto, e o resto é deixado para os heróis da codificação, à medida que os programadores criticam a fonte. Isso raramente funciona tão bem quanto deveria, e o custo para o negócio é geralmente o preço mais alto pago por tais designs inexistentes.

Isso costuma acontecer devido à pressão para entregar versões de software em um prazo inflexível, em que a gerência usa Scrum principalmente para controlar o cronograma em vez de permitir um dos princípios mais importantes do Scrum: *a aquisição de conhecimento*.

Quando faço consultoria ou dou palestras, algumas em empresas individuais, geralmente encontro as mesmas situações. Os projetos de software estão em perigo, e equipes inteiras são contratadas para manter os sistemas em funcionamento, corrigindo o código e os dados diariamente. Seguem alguns dos problemas insidiosos que encontro e que, curiosamente, o DDD pode facilmente ajudar as equipes a evitar. Vou começar com os problemas comerciais de nível mais alto e passar para os mais técnicos:

- O desenvolvimento de software é considerado um centro de custos em vez de um centro de lucro. Geralmente, isso acontece porque as empresas veem os computadores e o software como incômodos necessários em vez de fontes de vantagem estratégica. (Infelizmente pode não haver cura para isso se a cultura empresarial for firmemente fixada.)

- Os desenvolvedores estão muito envolvidos com a tecnologia e, em vez do design e do pensamento detalhado, preferem tentar usá-la para resolver problemas. Isso faz com que os desenvolvedores estejam constantemente perseguindo novos "objetos brilhantes", que são os mais recentes modismos da tecnologia.

- O banco de dados tem prioridade exagerada, e a maioria das discussões sobre as soluções giram em torno do banco de dados e de um modelo de dados em vez de processos e operações comerciais.

- Os desenvolvedores não dão a devida ênfase à nomeação de objetos e operações de acordo com o propósito do negócio que atendem. Isso leva a um grande abismo entre o modelo mental que o negócio possui e o software que os desenvolvedores entregam.

- O problema anterior geralmente é resultado da má colaboração com o negócio. Muitas vezes, as partes interessadas dos negócios também gastam muito tempo em trabalhos isolados, produzindo especificações que ninguém utiliza ou que são apenas parcialmente consumidas pelos desenvolvedores.
- As estimativas do projeto estão em alta demanda e, muito frequentemente, sua produção pode acrescentar tempo e esforço consideráveis, resultando no atraso de entrega do software. Os desenvolvedores usam o "embaralhamento do quadro de tarefas" no lugar de um design cuidadoso. Eles produzem uma *Grande Bola de Lama* (discutida nos capítulos seguintes) em vez de segregar os modelos de forma apropriada, de acordo com os drivers de negócios.
- Os desenvolvedores incorporam a lógica de negócios nos componentes da interface do usuário e nos componentes de persistência. Além disso, os desenvolvedores frequentemente realizam operações de persistência no meio da lógica de negócios.
- Há consultas quebradas, lentas e bloqueadas de bancos de dados que impedem os usuários de realizar operações de negócio urgentes.
- Há abstrações erradas, em que os desenvolvedores tentam atender a todas as necessidades atuais e imaginárias futuras, generalizando excessivamente soluções em vez de atender às necessidades concretas e reais do negócio.
- Existem serviços fortemente acoplados, em que uma operação é realizada em um serviço, que liga diretamente para outro serviço para causar uma operação de equilíbrio. Esse acoplamento costuma resultar em processos de negócios quebrados e dados não reconciliados, sem contar os sistemas que são muito difíceis de manter.

Isso tudo parece acontecer no espírito de "nenhum design rende um software de baixo custo". E, muitas vezes, é simplesmente uma questão de negócios e de os desenvolvedores de software não saberem que existe uma alternativa muito melhor. "O software está devorando o mundo" [WSJ], e o fato de que o software também pode devorar seus lucros ou alimentá-los com um banquete também deve ser importante para você.

É importante entender que a economia imaginada do "No Design" é uma falácia que astutamente enganou as pessoas que insistem na produção de software sem um design cuidadoso. Isso porque o design ainda flui do cérebro dos desenvolvedores individuais pelas pontas de seus dedos, enquanto eles se confrontam com o código, sem nenhuma contribuição de outros, incluindo do negócio. Acho que esta citação resume bem a situação:

> Dúvidas sobre se o design é necessário ou acessível são contraproducentes: o design é inevitável. A alternativa ao design bom é o design ruim ou a ausência completa de design.
>
> — *Book Design: A Practical Introduction* de Douglas Martin
> [sem publicação no Brasil]

Apesar de esse comentário não ser especificamente sobre design de software, ele ainda é aplicável ao nosso trabalho, onde não há substituto para um design bem pensado. Na situação descrita, se houver cinco desenvolvedores de software trabalhando no projeto, o "No Design" produzirá uma junção dos cinco designs diferentes em um só. Ou seja, teremos uma mistura de cinco interpretações inventadas da linguagem do negócio, que foram desenvolvidas sem a ajuda dos *Especialistas de Domínio*.

O resultado: nós modelamos, reconhecendo ou não a modelagem. Isso pode ser comparado à forma como as estradas são desenvolvidas. Algumas estradas antigas eram caminhos para carroças que acabaram sendo moldados em trilhas bem desgastadas. Deram voltas inexplicáveis e fizeram bifurcações que serviram apenas a alguns poucos que tinham necessidades rudimentares. Em algum momento, esses caminhos foram suavizados e depois pavimentados para o conforto do crescente número de viajantes que os utilizavam. Essas estradas improvisadas não são percorridas hoje por terem sido bem projetadas, mas porque existem. Poucos de nossos contemporâneos conseguem entender porque viajar por uma dessas vias é tão desconfortável e inconveniente. As estradas modernas são planejadas e projetadas de acordo com estudos cuidadosos da população, do meio ambiente e do fluxo previsível. Ambos os tipos de estradas são modeladas. Um modelo emprega um intelecto mínimo e básico. O outro explora a máxima cognição. O software pode ser modelado a partir de ambas as perspectivas.

Se você teme que produzir um software com um design bem pensado seja caro, pense no quão mais caro será conviver ou consertar um design ruim. Esse é especialmente o caso quando falamos de um software que precisa distinguir sua organização de todas as outras e produzir vantagens competitivas consideráveis.

Uma palavra intimamente relacionada ao *bom* é *eficaz*, e, possivelmente, a segunda afirma com maior precisão o que devemos buscar no design de software: um *design eficaz*. O design eficaz atende às necessidades da organização por meio do software. O design eficaz força a organização a entender no que ela deve se destacar e é usado para orientar a criação do modelo de software correto.

No Scrum, a *aquisição de conhecimento* é feita por meio da experimentação e aprendizagem colaborativa e é chamada de "compra de informações" [Scrum Essencial]. O conhecimento nunca é gratuito, mas neste livro eu lhe forneço maneiras de acelerar a forma como você o obtém.

Caso ainda duvide da importância de um design eficaz, não se esqueça das percepções de alguém que parece ter compreendido sua importância:

> A maioria das pessoas comete o erro de pensar que o design se resume a sua aparência. As pessoas pensam que é esse revestimento — que os designers recebem uma caixa e dizem: "Faça um design bonito!" Não é essa a nossa ideia de design. Ele não é apenas a aparência que tem e a sensação que transmite. O design é como ele funciona.
>
> — Steve Jobs

No software, um design eficaz é o mais importante. Se tiver apenas uma alternativa, recomendo o design eficaz.

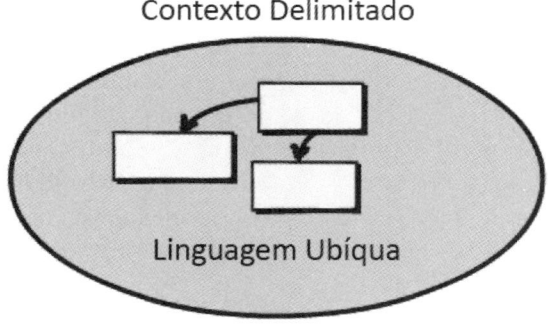

Design Estratégico

Começamos com o importantíssimo design estratégico. Só é possível aplicar o design tático de forma eficaz se começarmos pelo design estratégico. O design estratégico é usado como pinceladas amplas antes de entrar nos detalhes da implementação. Ele destaca o que é estrategicamente importante para seu negócio, como dividir o trabalho por importância e como integrar melhor, conforme a necessidade.

Primeiro, você aprenderá como segregar seus modelos de domínio usando o padrão de design estratégico chamado de *Contextos Delimitados*.

Em seguida, verá como desenvolver uma *Linguagem Ubíqua* como modelo de domínio dentro de um *Contexto* explicitamente *Delimitado*.

Você aprenderá sobre a importância de se envolver não apenas com os desenvolvedores, mas também com os *Especialistas de Domínio* à medida que desenvolve a *Linguagem Ubíqua* do seu modelo. Verá como uma equipe de desenvolvedores de software e de *Especialistas de Domínios* trabalha em conjunto. Essa é uma combinação essencial de pessoas inteligentes e motivadas que são necessárias para que o DDD produza os melhores resultados. A linguagem que vocês desenvolverem juntos pela colaboração se tornará ubíqua, difundida, por meio da comunicação falada da equipe e do modelo de software.

À medida que você avança no design estratégico, aprenderá sobre *Subdomínios*, como eles podem ajudá-lo a lidar com a complexidade ilimitada dos sistemas legados e como melhorar seus resultados em projetos greenfield. Também verá como integrar múltiplos *Contextos Delimitados* usando uma técnica chamada *Mapeamento de Contexto*. Os *Mapas de Contexto* definem tanto as relações de equipe quanto os mecanismos técnicos que existem entre dois *Contextos Delimitados* integradores.

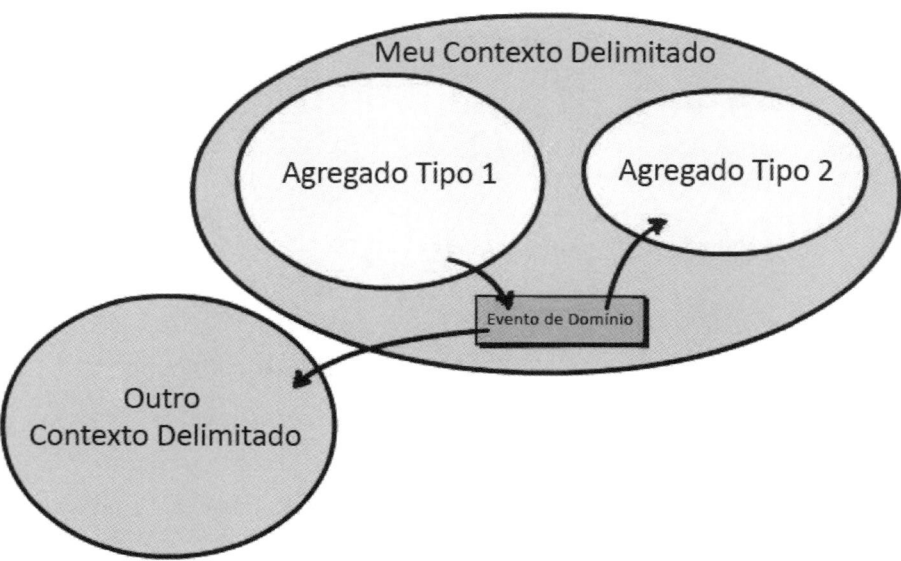

Design Tático

Depois de ter lhe dado uma base sólida com o design estratégico, descobriremos as ferramentas de design tático mais proeminentes do DDD. O design tático funciona como um pincel fino para pintar os detalhes de seu modelo de domínio. Uma das ferramentas mais importantes é usada para agregar entidades e objetos de valor juntos em um cluster de tamanho correto. É o padrão *Agregado*.

No DDD, é de extrema importância modelar o seu domínio da maneira mais explícita possível. O uso de *Eventos de Domínio* ajudará ambos a modelar explicitamente e compartilhar o que ocorreu dentro de seu modelo com os sistemas que precisam ser avisados disso. As partes interessadas podem ser seu próprio *Contexto Delimitado* local e outros *Contextos Delimitados* remotos.

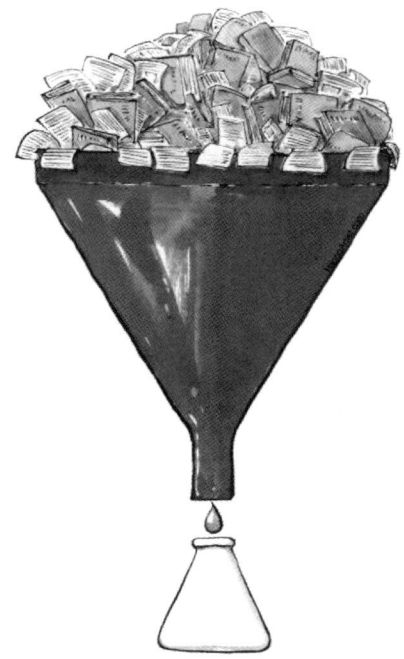

O Processo de Aprendizagem e Aperfeiçoamento do Conhecimento

O DDD ensina uma maneira de pensar que ajuda você e sua equipe a aperfeiçoar o conhecimento à medida que aprendem sobre as principais competências de sua empresa. Esse processo de aprendizagem é uma questão de descoberta por meio de conversas em grupo e experimentação. Ao questionar o status quo e desafiar suas suposições sobre seu modelo de software, vocês aprenderão muito, e essa importante aquisição de conhecimento se espalhará por toda a equipe. Esse é um investimento de extrema importância para seu negócio e sua equipe. O objetivo não deve ser apenas aprender e refinar, mas fazer isso o mais rápido possível. Há ferramentas adicionais para ajudar com esses objetivos que podem ser encontradas no Capítulo 7, "Ferramentas de Aceleração e Gestão".

Vamos Começar!

Mesmo em uma apresentação condensada, há muito a aprender sobre o DDD. Então, vamos começar com o Capítulo 2, "Design Estratégico com Contextos Delimitados e Linguagem Ubíqua".

Capítulo 2

Design Estratégico com Contextos Delimitados e Linguagem Ubíqua

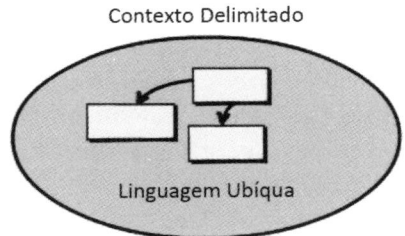

O que são os chamados *Contextos Delimitados*? O que é a *Linguagem Ubíqua*? Em resumo, o DDD primariamente modela uma *Linguagem Ubíqua* em um *Contexto Delimitado* explicitamente. Embora seja uma afirmação verdadeira, ela provavelmente não é a descrição mais útil que posso fornecer. Deixe-me explicar melhor.

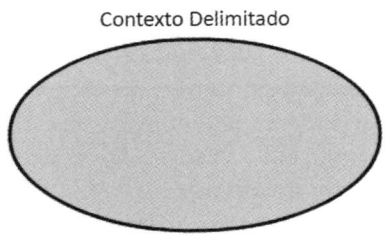

Primeiramente, um *Contexto Delimitado* é um limite contextual semântico. Isso significa que, dentro de certos limites, cada componente do software-modelo tem um significado específico e faz coisas específicas. Os componentes dentro de um *Contexto Delimitado* são específicos do contexto e semanticamente motivados. Isso é simples o suficiente.

Quando estamos apenas dando início aos esforços de software, o *Contexto Delimitado* é um pouco conceitual. Podemos pensar nisso como parte do *espaço do problema*. Entretanto, à medida que o modelo começa a assumir um significado e uma clareza mais profundos, o *Contexto Delimitado* passará rapidamente para o *espaço da solução*, com o modelo de software sendo refletido como o código-fonte do projeto. (O *espaço do problema* e o *espaço da solução* são explicados em mais detalhes na caixa.) Lembre-se de que *Contexto Delimitado* é um lugar onde um modelo é implementado e você terá artefatos de software separados para cada *Contexto Delimitado*.

O que é Espaço do Problema e Espaço da Solução?

O espaço do problema é onde se realizam análises estratégicas de alto nível e etapas de design dentro das restrições de determinado projeto. Você pode usar diagramas simples enquanto discute os impulsionadores do projeto de alto nível e observa objetivos e riscos importantes. Na prática, os *Mapas de Contexto* funcionam muito bem no espaço do problema. Observe também que os *Contextos Delimitados* podem ser usados nas discussões do espaço do problema, quando necessários, mas também estão estreitamente associados ao seu espaço da solução.

O espaço da solução é onde realmente se implementa a solução que as discussões de seu espaço do problema identificaram como seu *Domínio Central*. Quando o *Contexto Delimitado* está sendo desenvolvido como uma iniciativa estratégica chave de sua organização, ele é chamado de *Domínio Central*. Você desenvolve a solução no *Contexto Delimitado* como código, tanto na fonte principal como na fonte teste. Também produzirá código em seu espaço da solução que suporta integração com outros *Contextos Delimitados*.

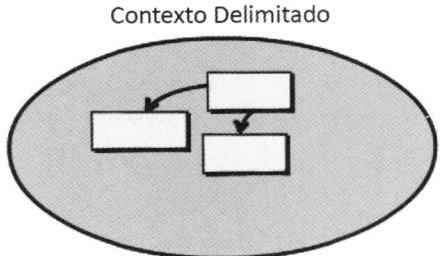

Contexto Delimitado

O modelo de software dentro dos limites do contexto reflete uma linguagem que é desenvolvida pela equipe que trabalha no *Contexto Delimitado* e é falada por todos os membros da equipe e implementada no modelo de software que funciona dentro desse *Contexto Delimitado*. A linguagem é chamada de *Linguagem Ubíqua* porque ela é falada entre os membros da equipe e implementada no modelo de software. Assim é necessário que a *Linguagem Ubíqua* seja rigorosa — estrita, exata, severa e rígida. No diagrama, as caixas dentro do *Contexto Delimitado* representam os conceitos do modelo, que podem ser implementados como classes. Quando o *Contexto Delimitado* estiver sendo desenvolvido como uma iniciativa estratégica chave de sua organização, ele é chamado de *Domínio Central*.

Quando comparado com todo o software que sua organização utiliza, o *Domínio Central* é um dos mais importantes modelos de software, pois é um meio para alcançar a excelência. O *Domínio Central* é desenvolvido para distinguir sua organização competitivamente de todas as outras. No mínimo, ele se relaciona a uma grande linha de negócios. A sua organização não pode se sobressair em tudo, e é melhor nem tentar. Portanto, é preciso escolher sabiamente o que deve e não deve fazer parte de seu *Domínio Central*. Essa é a principal proposta de valor do DDD, e você quer investir de forma correta, dedicando seus melhores recursos ao *Domínio Central*.

Quando alguém da equipe usa expressões da *Linguagem Ubíqua*, todos na equipe entendem o significado com precisão e objetividade. A expressão é ubíqua dentro da equipe, assim como toda a linguagem utilizada pela equipe que define o modelo de software em desenvolvimento.

Quando pensar sobre a linguagem em um modelo de software, pense nas várias nações que compõem a Europa. Dentro de um dos países nesse espaço, o idioma oficial de cada país é claro. Dentro das fronteiras dessas nações — por exemplo, Alemanha, França e Itália —, as línguas oficiais são certas. Ao cruzar uma fronteira, o idioma oficial muda. O mesmo vale para a Ásia, onde o japonês é falado no Japão, e os idiomas falados na China e na Coreia são claramente diferentes para além das fronteiras nacionais. Podemos encarar os *Contextos Delimitados* da mesma forma, como sendo limites linguísticos. No caso do DDD, os idiomas são aqueles falados pela equipe que possui o modelo do software, e uma forma escrita notável do idioma é o código-fonte dele.

Contextos Delimitados, Equipes e Repositórios de Código-fonte

Deve haver uma equipe designada para trabalhar em um *Contexto Delimitado*. Deve haver também um repositório de código-fonte separado para cada *Contexto Delimitado*. É possível que uma equipe trabalhe em múltiplos *Contextos Delimitados*, mas várias equipes não devem trabalhar em um único *Contexto Delimitado*. Separe de forma clara o código-fonte e o esquema do banco de dados para cada *Contexto Delimitado* da mesma forma que separa a *Linguagem Ubíqua*. Mantenha testes de aceitação e testes unitários junto com o código-fonte principal.

É especialmente importante que esteja claro que uma equipe trabalha em um único *Contexto Delimitado*. Isso elimina completamente as chances de surpresas indesejáveis que possam surgir quando outra equipe faz uma mudança em seu código-fonte. Sua equipe é proprietária do código-fonte e do banco de dados e define as interfaces oficiais pelas quais seu *Contexto Delimitado* deve ser utilizado. Esse é um dos benefícios de usar o DDD.

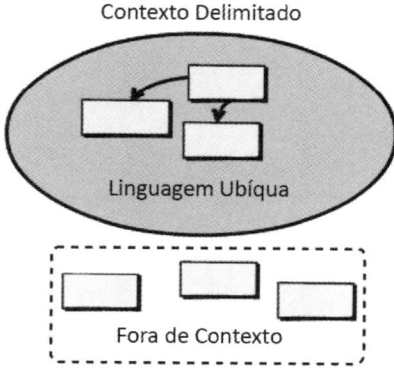

Nas linguagens humanas, a terminologia evolui com o tempo, e por meio das fronteiras nacionais, as mesmas palavras ou palavras similares assumem nuances de significado. Pense nas diferenças entre as palavras espanholas usadas na Espanha e as mesmas palavras usadas na Colômbia, onde até mesmo a pronúncia muda. Claramente, existe o espanhol da Espanha e o espanhol da Colômbia. Isso acontece também com linguagens de modelos de software. É possível que as pessoas das outras equipes tenham um significado diferente para a mesma terminologia, porque seu conhecimento do negócio está dentro de um contexto diferente; elas estão desenvolvendo um *Contexto Delimitado* diferente. Não se espera que nenhum componente de fora do contexto adote as mesmas definições. De fato, eles provavelmente serão um pouco ou muito diferentes dos componentes que sua equipe modela. E tudo bem.

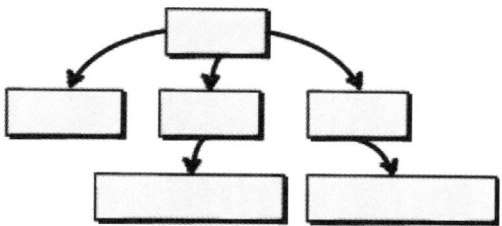

Para entender um bom motivo para usar *Contextos Delimitados*, vamos considerar um problema comum com designs de software. Muitas vezes, as equipes não sabem quando parar de acumular mais e mais conceitos em seus modelos de domínio. O modelo pode começar pequeno e manejável...

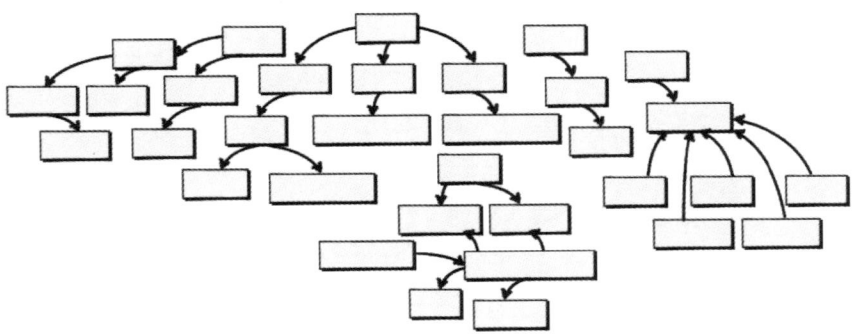

Mas logo a equipe acrescenta mais e mais conceitos, e mais, e ainda mais. Isso logo resulta em um grande problema. Não só há conceitos demais, mas a linguagem do modelo se torna confusa, porque, se pensarmos bem, na verdade existem vários idiomas em um modelo grande, confuso e sem limites.

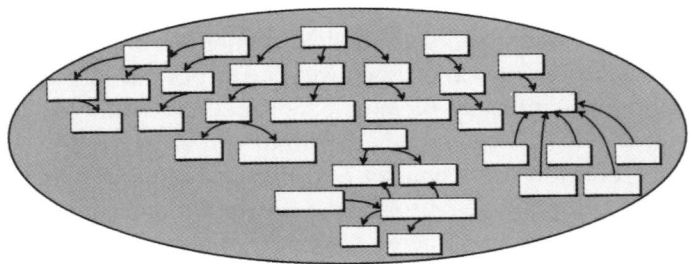

Devido a essa falha, as equipes frequentemente transformarão um produto de software novinho em folha no que é chamado de *Grande Bola de Lama*. Para deixar bem claro, uma *Grande Bola de Lama* não é algo do que se orgulhar. É um monólito ou pior. É onde um sistema tem múltiplos modelos emaranhados sem limites explícitos. Provavelmente também requer múltiplas equipes, o que é muito problemático. Além disso, vários conceitos não relacionados entre si são desdobrados sobre muitos módulos e interligados com elementos conflitantes. Se o projeto tiver testes, provavelmente levará muito tempo para executá-los, e assim os testes podem ser contornados em momentos especialmente importantes.

É o resultado de tentar fazer muita coisa, com muita gente, no lugar errado. Qualquer tentativa de desenvolver e falar uma *Linguagem Ubíqua* resultará em um dialeto fraturado e mal definido que logo será abandonado. A linguagem nem sequer seria tão bem concebida como o esperanto. É apenas uma bagunça, como uma *Grande Bola de Lama*.

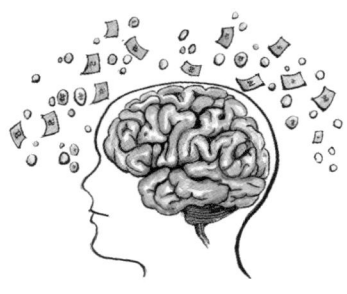

Especialistas de Domínio e Drivers de Negócio

Pode haver dicas fortes, ou, pelo menos, sutis, comunicadas pelas partes interessadas da empresa que poderiam ter sido usadas para ajudar a equipe técnica a fazer melhores escolhas de modelagem. Assim, uma *Grande Bola de Lama* é muitas vezes o resultado de um esforço desenfreado feito por uma equipe de desenvolvedores de software que não dá ouvidos aos especialistas de negócios.

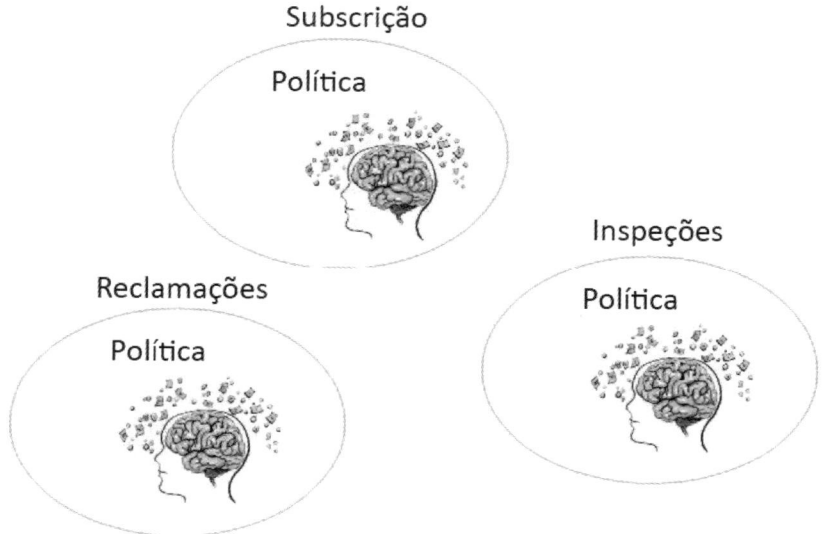

O departamento da empresa ou as divisões do grupo de trabalho podem fornecer uma boa indicação de onde os limites do modelo devem existir. A tendência será encontrar pelo menos um especialista de negócios por função do negócio. Ultimamente, há uma tendência para o agrupamento de pessoas por projeto, enquanto as divisões de negócios ou mesmo grupos funcionais sob uma hierarquia gerencial parecem ser menos populares. Mesmo diante de novos modelos de negócios, você ainda descobrirá que os projetos são organizados de acordo com os drivers do negócio e sob uma área de especialização. Talvez precise pensar em divisão ou função nesses termos.

Você pode determinar que esse tipo de segregação é necessário quando considera que cada função do negócio provavelmente tem definições diferentes para o mesmo termo. Considere o conceito denominado "política" e como o significado difere entre as várias funções empresariais de seguros. Você pode facilmente imaginar que uma política de subscrição é vastamente diferente de uma política de reclamações e de uma política de inspeções. Veja a caixa para mais detalhes.

O termo "política" em cada uma dessas áreas de negócios existe por diferentes razões. Não há como fugir desse fato, independentemente do grau de esforço mental.

Diferenças em "Política" por Função

Política de Subscrição: Na área de especialização focada em subscrição, uma política é criada com base na avaliação dos riscos da entidade segurada. Por exemplo, ao trabalhar na subscrição de seguros de propriedade, os subscritores avaliariam os riscos associados com determinado bem a fim de calcular o prêmio da política para cobrir o bem imóvel.

Política de Inspeções: Novamente, se estivermos trabalhando no campo de seguros de propriedade, a seguradora provavelmente terá uma área de inspeções, que é responsável por inspecionar a propriedade que será assegurada. Até certo ponto, os subscritores dependem das informações encontradas durante as inspeções, mas apenas para se certificar de que a propriedade se encontra nas condições alegadas pelo segurado. Caso a propriedade realmente seja assegurada, os detalhes de inspeção — fotos e notas — estarão associados a uma política na área de inspeções, e seus dados podem ser referenciados pela subscrição para negociar o custo final do prêmio na área de subscrição.

Política de Reclamações: Uma política na área de reclamações acompanha o pedido de pagamento pelo segurado com base nos termos da política criada pela área de subscrição. A política de reclamações precisará fazer algumas referências à política de subscrição, mas será focada, por exemplo, em danos à propriedade segurada e revisões realizadas pelo pessoal de reclamações para determinar o pagamento que deve e se deve ser feito.

Política

Subscrição – Reclamações – Inspeções

Se tentarmos fundir esses três tipos de "políticas" em uma para os três grupos empresariais, certamente teremos problemas. Isso se tornaria ainda mais problemático se a já sobrecarregada "política" tivesse que apoiar um quarto e quinto conceito de negócios no futuro. Ninguém sairia ganhando.

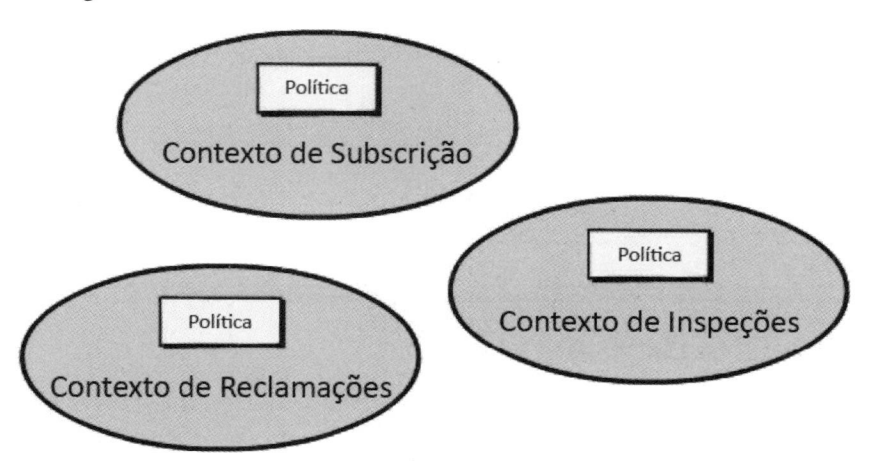

Política
Contexto de Subscrição

Política
Contexto de Inspeções

Política
Contexto de Reclamações

O DDD, por outro lado, enfatiza a adoção de tais diferenças, segregando os diferentes tipos em diferentes *Contextos Delimitados*. Imagine que existem idiomas diferentes e aja concordemente. Existem três significados para "política"? Então, há três *Contextos Delimitados*, cada um com sua própria "política", com cada "política" tendo sua característica particular. Não há necessidade de nomeá-las como `PolíticadeSubscrição`, `PolíticadeReclamações` ou `PolíticadeInspeções`. O nome do *Contexto Delimitado* já faz essa delimitação de âmbito. O nome é simplesmente "Política" em todos os três *Contextos Delimitados*.

Outro Exemplo: O que É um Voo?

Na indústria aérea, um "voo" pode ter múltiplos significados. Há um voo que é definido simplesmente como uma decolagem e aterrissagem, em que a aeronave é levada de um aeroporto para outro. Há um tipo diferente de voo que é definido em termos da manutenção das aeronaves. E há ainda outro voo que é definido pela emissão de passagens para os passageiros, seja em um voo direto ou com escalas. Como cada um desses usos de "voo" é entendido com clareza somente por seu contexto, cada um deve ser modelado em um *Contexto Delimitado* separado. Modelar os três no mesmo *Contexto Delimitado* resultaria em um emaranhado confuso.

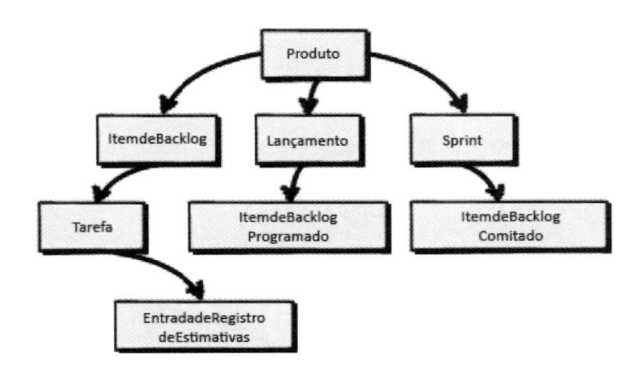

```
                    Produto
                   /   |   \
                  /    |    \
           ItemdeBacklog  Lançamento  Sprint
              /              |              \
          Tarefa     ItemdeBacklog    ItemdeBacklog
                      Programado        Comitado
              \
           EntradadeRegistro
            deEstimativas
```

Estudo de Caso

Para tornar mais concreta a razão para utilizar os *Contextos Delimitados*, permita-me ilustrar com um exemplo de modelo de domínio. Nesse caso, estamos trabalhando em um aplicativo de gestão de projeto ágil baseado em Scrum. Portanto, um conceito central ou primordial é o Produto, que representa o software que deve ser construído e que será aperfeiçoado ao longo de talvez anos de desenvolvimento. O Produto tem Itens de

Backlog, Lançamentos e Sprints. Cada Item de Backlog tem um número de Tarefas, e cada Tarefa pode ter uma coleção de Entradas de Registro de Estimativa. Os Lançamentos têm Itens de Backlog Programados e os Sprints têm Itens de Backlog Comitado. Até agora, tudo bem. Identificamos os conceitos centrais de nosso modelo de domínio, e a linguagem é objetiva e está intacta.

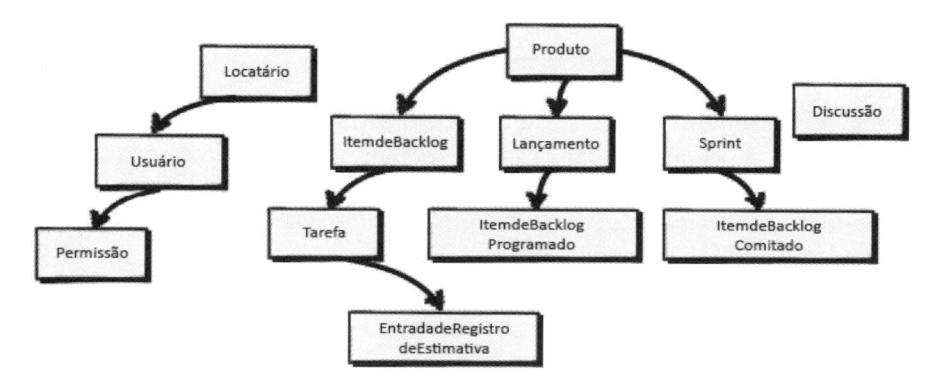

"Ah, sim", dizem os membros da equipe, "também precisamos dos nossos usuários. E queremos facilitar as discussões colaborativas dentro da equipe de produtos. Vamos representar cada organização inscrita como um Locatário. Dentro dos Locatários, permitiremos o backlog de qualquer número de Usuários, e os Usuários terão Permissões. Vamos acrescentar o conceito de Discussão para representar uma das ferramentas de colaboração que vamos apoiar".

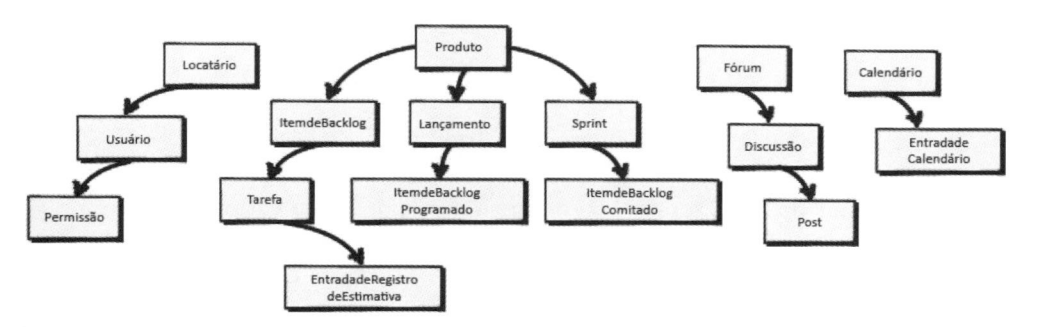

Em seguida, os membros da equipe acrescentam: "Bem, também há outras ferramentas de colaboração. As Discussões pertencem aos Fóruns e têm Posts. Também queremos oferecer Calendários Compartilhados."

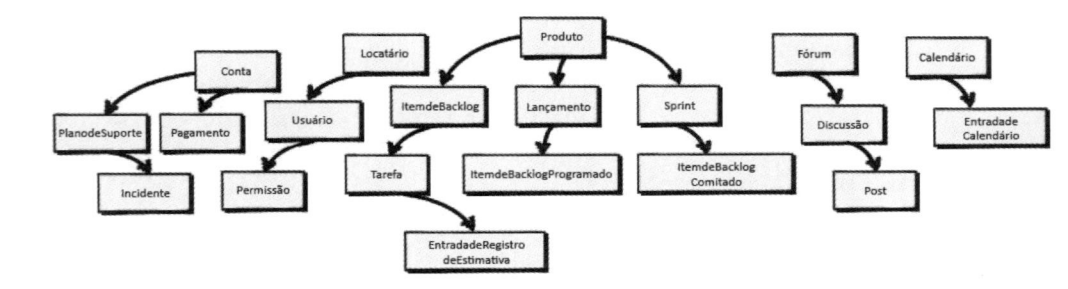

Eles continuam: "E não se esqueça de que precisamos de uma solução para que os Locatários façam Pagamentos. Também venderemos planos de suporte escalonados, por isso precisamos de uma forma de rastrear as incidências de Suporte. Tanto o Suporte quanto os Pagamentos devem ser administrados sob uma Conta."

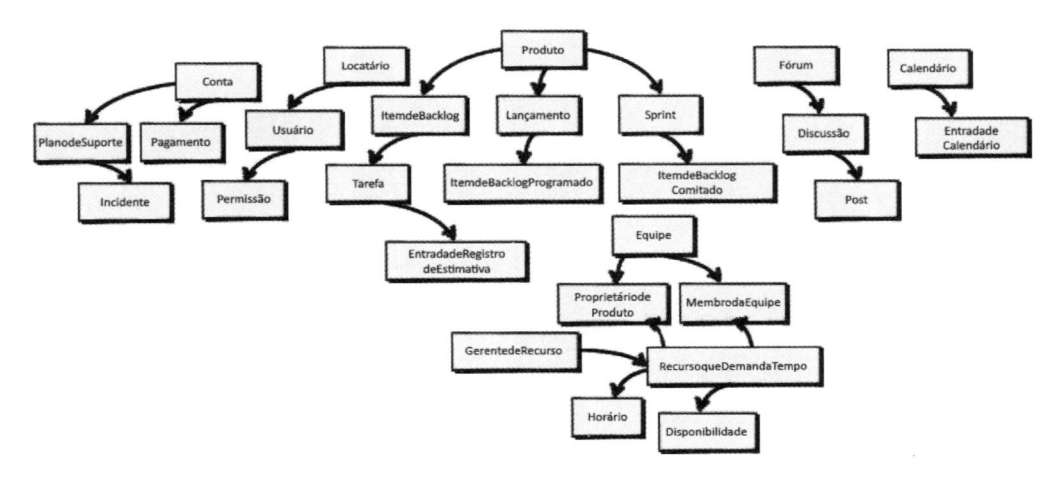

E ainda mais conceitos emergem: "Todo produto baseado em Scrum tem uma Equipe específica que trabalha com o produto. As Equipes são compostas de um Proprietário de um único produto e vários Membros da Equipe. Mas como abordar as preocupações com a Utilização de Recursos Humanos? E se modelarmos os Horários dos Membros da Equipe junto com sua utilização e disponibilidade?"

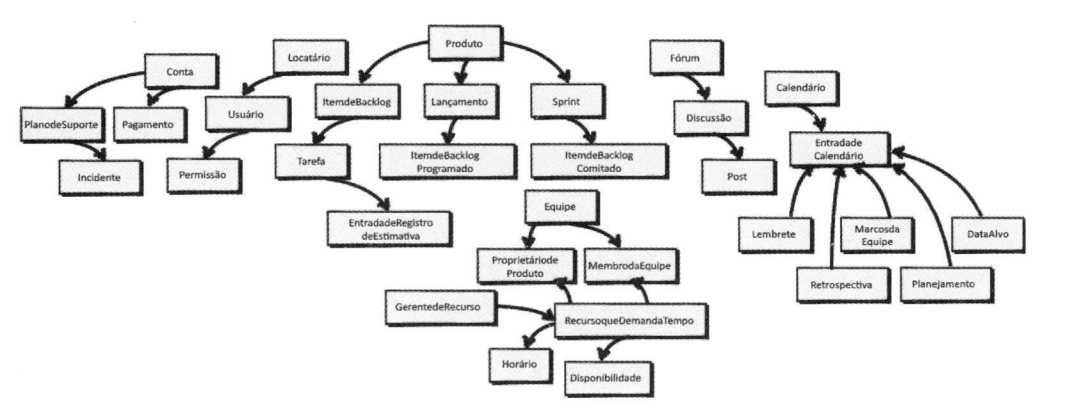

"Sabe o que mais?" perguntam eles. "Os Calendários Compartilhados não devem se limitar às Entradas de Calendário. Devemos conseguir identificar tipos específicos de Entradas de Calendário, tais como Lembretes, Marcos da Equipe, Reuniões de Planejamento e Retrospectiva e Datas Alvo."

Espere um pouco! Consegue ver a armadilha em que a equipe está caindo? Veja até onde eles se desviaram dos conceitos originais de Produto, Itens de Backlog, Lançamentos e Sprints. A linguagem não é mais só sobre o Scrum; tornou-se quebrada e confusa.

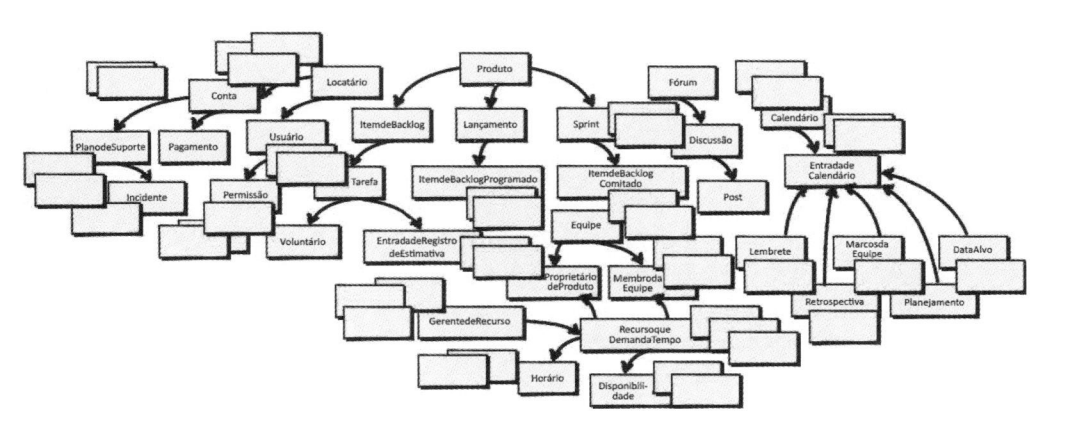

Não se deixe enganar pela quantidade um tanto limitada de conceitos que foram nomeados. Para cada elemento nomeado, podemos esperar mais dois ou três conceitos para dar suporte àqueles que imaginamos inicialmente. A equipe já está prestes a entregar uma *Grande Bola de Lama* e o projeto mal começou.

Contexto Delimitado

Linguagem Ubíqua

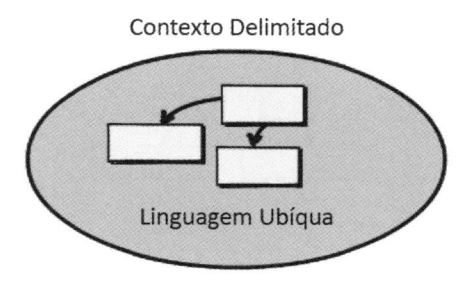

Design Estratégico Fundamental Necessário

Quais ferramentas estão disponíveis no DDD para nos ajudar a evitar tais erros? Precisamos de, pelo menos, duas ferramentas de design estratégico fundamentais. Uma é o *Contexto Delimitado* e a outra é a *Linguagem Ubíqua*. Utilizar um *Contexto Delimitado* nos força a responder à pergunta "O que é mais importante?". O *Contexto Delimitado* deve conter todos os conceitos-chave para a iniciativa estratégica e expulsar todos os que não forem essenciais. Veremos como o DDD funciona ao evitar o design de aplicações monolíticas.

Benefícios da Testagem

Como os *Contextos Delimitados* não são monolíticos, utilizá-los resulta em outros benefícios. Um exemplo disso é que os testes serão focados em um modelo e, portanto, serão necessários menos testes, os quais serão executados mais rapidamente. Embora não seja a motivação principal para o uso de *Contextos Delimitados*, isso certamente tem suas vantagens.

Contexto Delimitado

Em contexto...

Literalmente, alguns conceitos estão em contexto e serão incluídos na linguagem da equipe

Contexto Delimitado

Em contexto...

Fora de contexto...

Outros conceitos estarão fora de contexto. Os conceitos que sobrevivem a esta aplicação rigorosa do filtro de palavras-chave fazem parte da *Linguagem Ubíqua* da equipe que é dona daquele *Contexto Delimitado*.

Atenção

Os conceitos que sobreviverem a essa aplicação rigorosa do filtro de palavras-chave fazem parte da *Linguagem Ubíqua* da equipe que é dona daquele *Contexto Delimitado*. O limite enfatiza esse rigor.

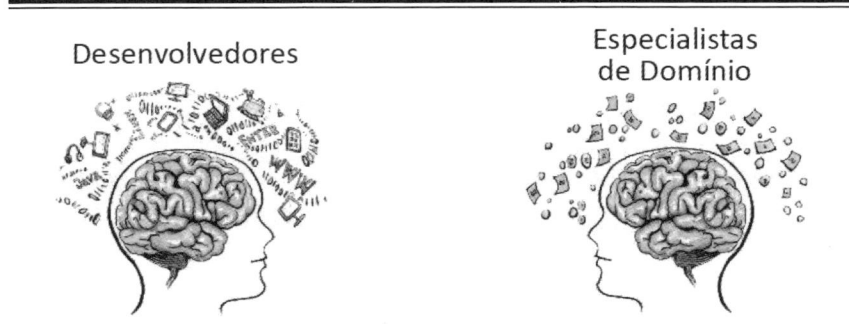

Desenvolvedores   **Especialistas de Domínio**

Então, como saber o que é mais importante? Nesse ponto, temos que juntar dois grupos essenciais de indivíduos em uma equipe coesa e colaborativa: *Especialistas de Domínio* e desenvolvedores de software.

Produto **Lançamento** Item de Backlog
Equipe **Sprint** Proprietário de Produto
Tarefa Voluntário

Os *Especialistas de Domínio* naturalmente estarão mais focados nas questões do negócio. O pensamento deles estará centrado na visão que têm do funcionamento do negócio. No domínio do Scrum, o *Especialista de Domínio* é o Scrum Master, que entende completamente como o Scrum é executado em um projeto.

Proprietário de Produto ou Especialista de Domínio?

Talvez você se pergunte qual é a diferença entre um Proprietário de Produto no Scrum e um *Especialista de Domínio* no DDD. Bem, em alguns casos, eles podem ser uma mesma pessoa, capaz de realizar esses dois papéis. Porém, não deve ser surpresa que um proprietário de produto geralmente está mais focado em administrar e priorizar o backlog de produtos e garantir que a continuidade técnica e conceitual do projeto seja mantida. Entretanto, isso não quer dizer que o proprietário do produto seja naturalmente um especialista na competência principal do negócio no qual estamos trabalhando. Certifique-se de que haja um *Especialista de Domínio* de verdade na equipe, e não o substitua por um proprietário de produto que não tenha o conhecimento necessário.

No seu negócio, também existem *Especialistas de Domínio*. Não se trata de um cargo, mas de um termo que descreve as pessoas que são prioritariamente focadas no negócio. É a partir do modelo mental delas que começamos a formar a base da *Linguagem Ubíqua* da equipe.

```
while (a < b) {    0xFB249E7
    a += c;       C# Scala Java
}        JavaScript PHP   BPM
      10110001101010110001   BPEL
```

Por outro lado, os desenvolvedores são focados no desenvolvimento do software. Como retratado, os desenvolvedores podem ficar absortos pelas tecnologias e linguagens da programação. Porém, os desenvolvedores que estiverem trabalhando em um projeto DDD precisam resistir à vontade de serem tão centrados na técnica a ponto de não aceitar o foco nos negócios da iniciativa estratégica central. Pelo contrato, os desenvolvedores devem rejeitar qualquer concisão inoportuna e abraçar a *Linguagem Ubíqua* que é desenvolvida gradualmente pela equipe, dentro de seu *Contexto Delimitado* específico.

Concentre-se na Complexidade do Negócio, não na Complexidade Técnica

Você está usando o DDD porque a complexidade do modelo de negócios é alta. Não queremos deixar o modelo de domínio mais complexo do que deve ser. Ainda assim, está usando o DDD porque o modelo de negócio é mais complexo do que os aspectos técnicos do projeto. É por isso que os desenvolvedores têm que se aprofundar no modelo de negócios com os *Especialistas de Domínio*!

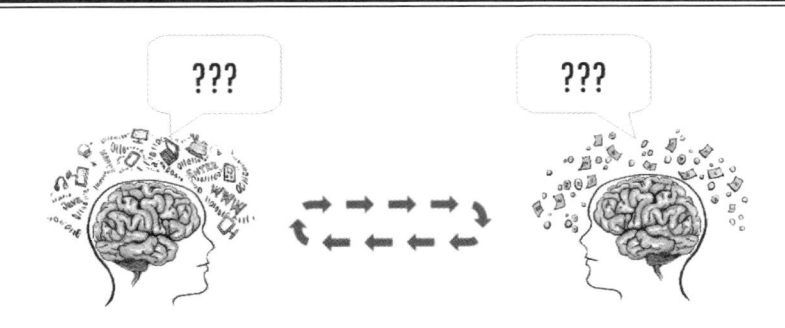

Tanto os desenvolvedores quanto os *Especialistas de Domínio* devem rejeitar qualquer tendência de permitir que os documentos prevaleçam na conversa. A melhor *Linguagem Ubíqua* será desenvolvida por um loop de feedback colaborativo que impulsione o modelo mental combinado da equipe. A conversa aberta, exploração e obstáculos a sua base de conhecimento atual resultam em insights mais profundos sobre o *Domínio Central*.

Questionar e Unificar

Agora de volta à pergunta "O que é o mais importante?". Usando o modelo previamente fora de controle e em constante expansão, vamos questionar e unificar!

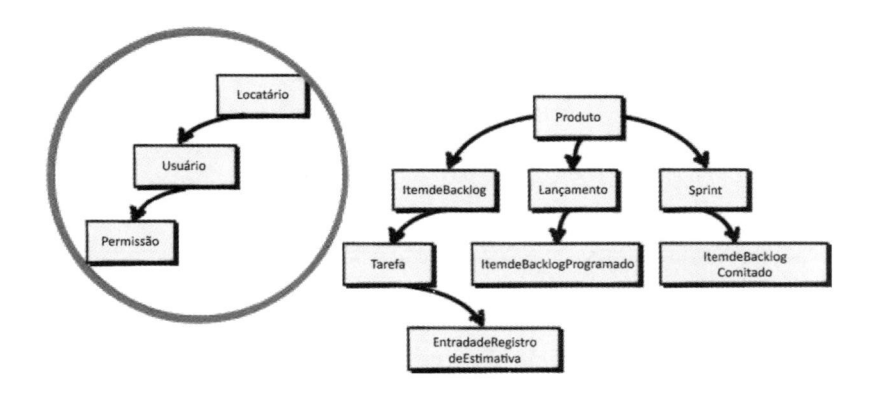

Uma questão muito simples é perguntar se cada um dos conceitos do modelo grande adere à *Linguagem Ubíqua* do Scrum. Bem, será que aderem? Por exemplo, `Locatário`, `Usuário`, e `Permissão` não têm nada a ver com o Scrum. Esses conceitos devem ser considerados fora de nosso modelo de software Scrum.

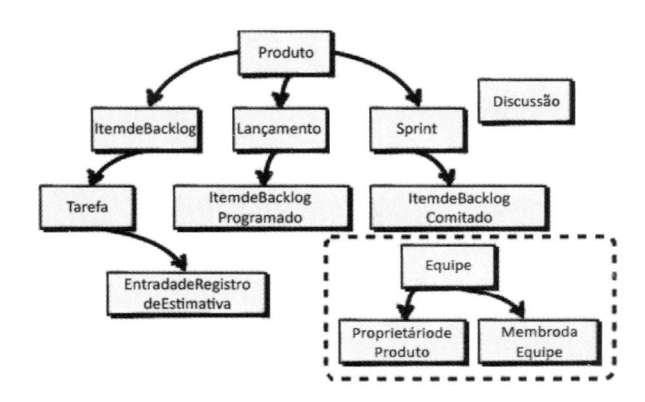

Locatário, Usuário e Permissão devem ser substituídos por Equipe, ProprietáriodeProduto e MembrodaEquipe. Um ProprietáriodeProduto e um MembrodaEquipe são na verdade Usuários em uma Locação, mas com ProprietáriodeProduto e MembrodaEquipe aderimos à *Linguagem Ubíqua* do Scrum. Eles naturalmente são os termos que usamos quando falamos sobre os produtos Scrum e o trabalho que a equipe faz com eles.

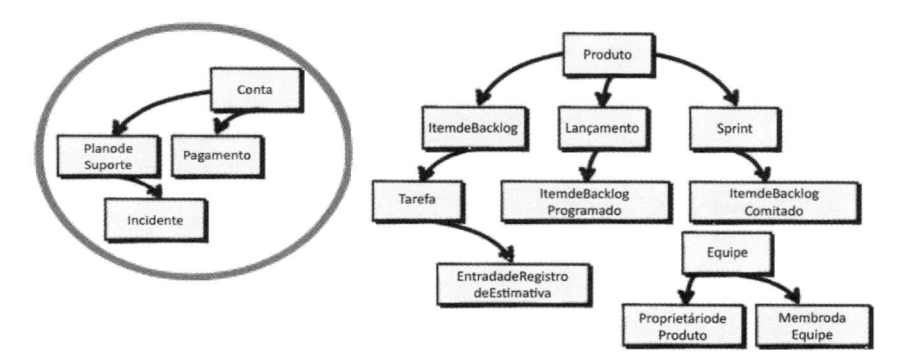

Os PlanosdeSuporte e Pagamentos realmente fazem parte do gerenciamento do projeto Scrum? A resposta neste caso obviamente é "não". É verdade, tanto os PlanosdeSuporte quanto os Pagamentos serão administrados por uma Conta de Locatário, mas não fazem parte de nossa linguagem principal do Scrum. Estão fora de contexto e serão removidos desse modelo.

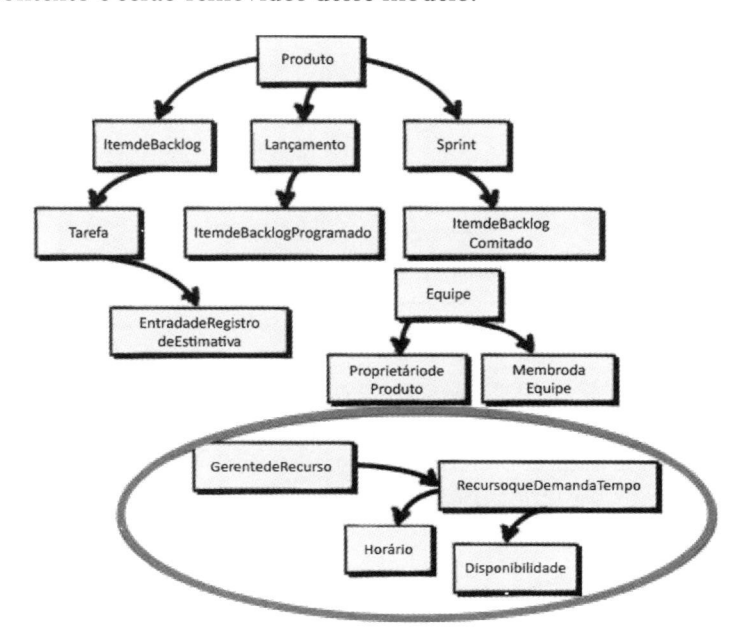

E quanto à introdução das preocupações com a Utilização de Recursos Humanos? É provavelmente útil para alguém, mas não será usada diretamente pelos `MembrosdaEquipeVonluntários` que trabalharão nas `TarefasdeItensdeBacklog`. Está fora de contexto.

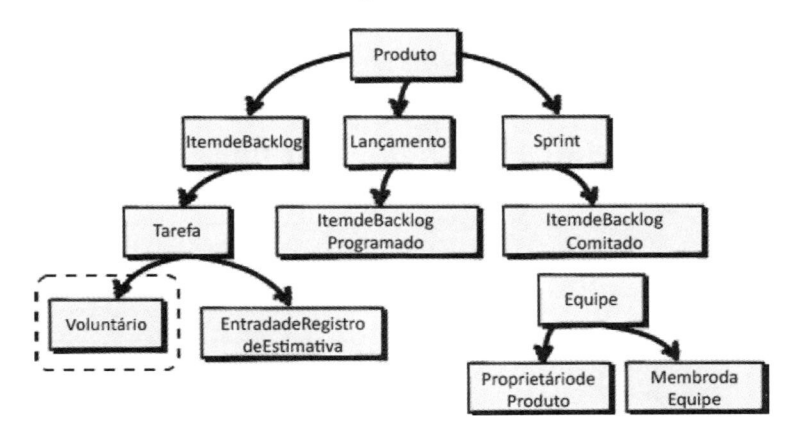

Após a adição da `Equipe`, do `ProprietáriodeProdutos` e do `MembrodaEquipe`, os modelistas perceberam que faltava um conceito central que permitisse que os `MembrosdaEquipe` trabalhassem nas `Tarefas`. No Scrum, isso é conhecido como um `Voluntário`. Portanto, o conceito de `Voluntário` está no contexto e foi incluído na linguagem do modelo central.

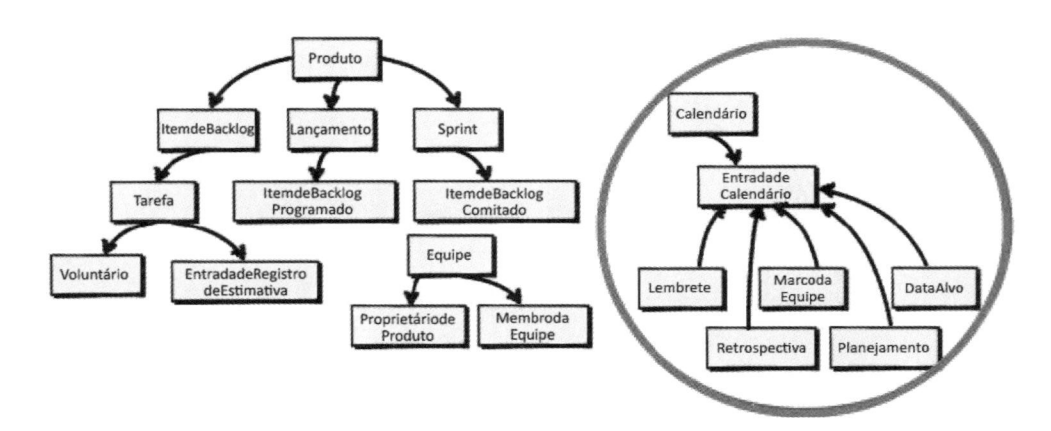

Mesmo que `Marcos`, `Retrospectivas` e similares estejam em contexto, a equipe preferiria poupar esses esforços de modelagem para um sprint posterior. Eles estão no contexto, mas, por enquanto, estão fora do escopo.

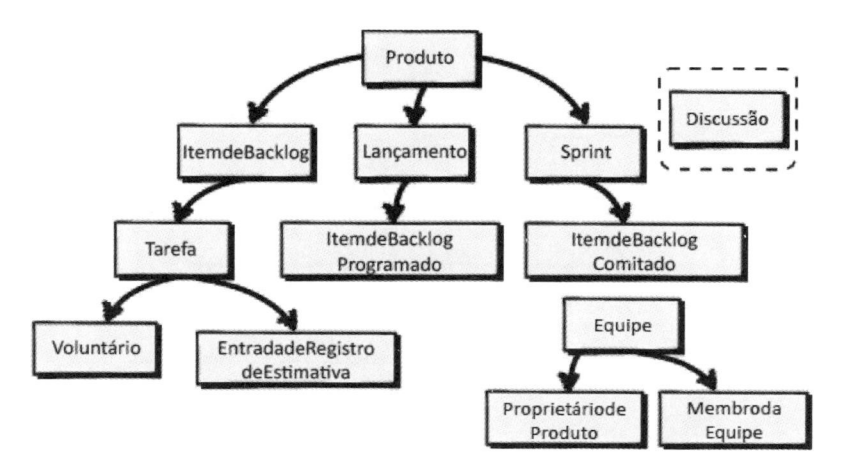

Por fim, os modeladores querem se certificar de que são responsáveis pelo fato de que as `Discussões` em pauta farão parte do modelo central. Assim, eles modelam uma `Discussão`. Isso significa que a `Discussão` faz parte da *Linguagem Ubíqua* da equipe, e, assim, está dentro do *Contexto Delimitado*.

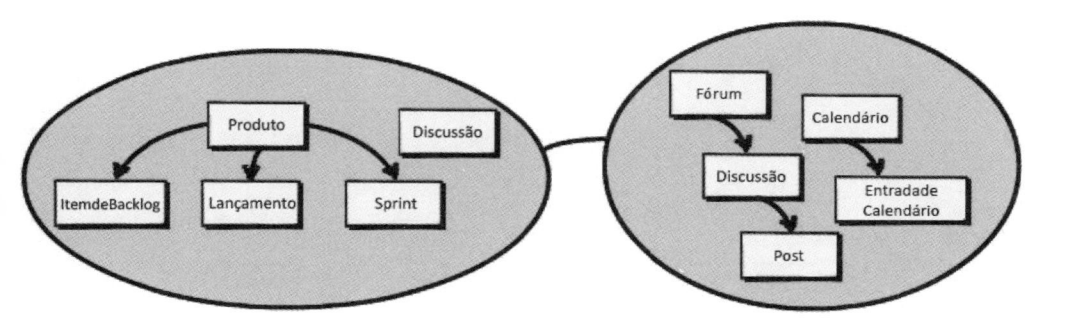

Esses desafios linguísticos resultaram em um modelo muito mais limpo e claro da *Linguagem Ubíqua*. No entanto, como o modelo Scrum satisfará as *Discussões* necessárias? Certamente, ele exigiria muito suporte de componentes de software auxiliares para funcionar, então parece inapropriado modelá-lo dentro do nosso *Contexto Delimitado* do Scrum. De fato, o pacote de *Colaboração* integral está fora de contexto. A *Discussão* será apoiada ao integrar-se com outro *Contexto Delimitado* — o *Contexto de Colaboração*.

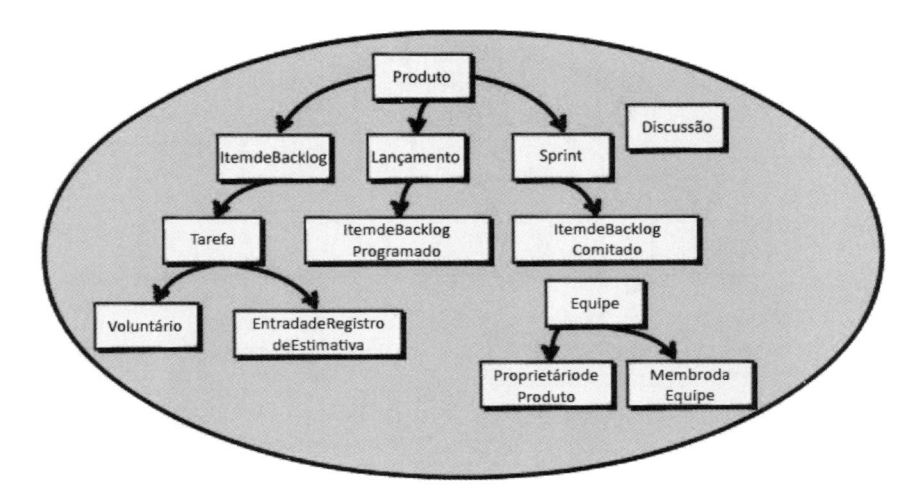

Após essa passagem, ficamos com um *Domínio Central* real muito menor. É claro que o *Domínio Central* crescerá. Já sabemos que `Planejamento`, `Retrospectivas`, `Marcos` e modelos relacionados ao calendário devem ser desenvolvidos com o tempo. Ainda assim, o modelo crescerá apenas à medida que novos conceitos aderirem à *Linguagem Ubíqua* do Scrum.

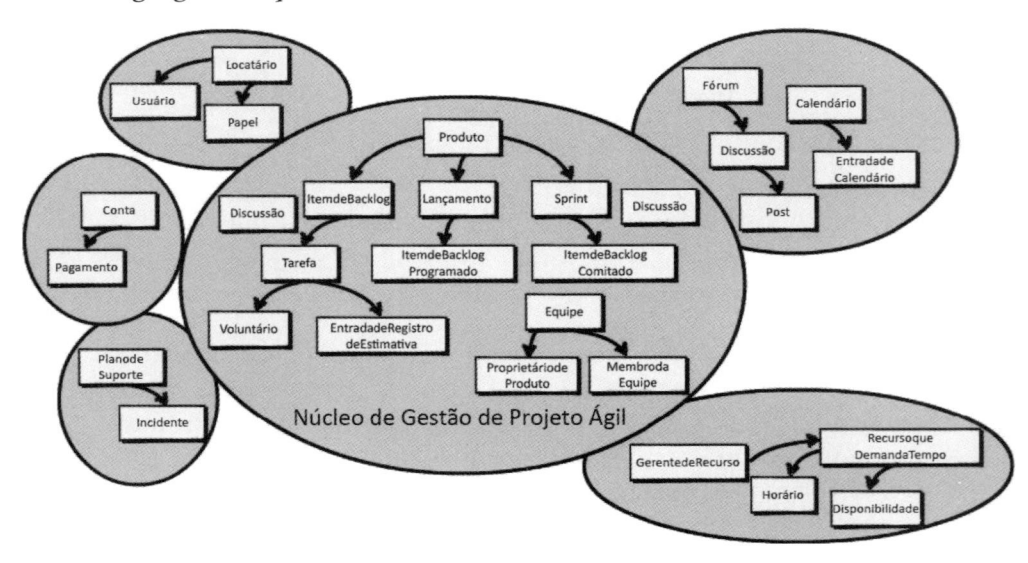

E quanto a todos os outros conceitos de modelagem que foram removidos do *Domínio Central*? É bem possível que vários dos outros conceitos, se não todos, sejam compostos em seus respectivos *Contextos Delimitados*, cada um aderindo à sua própria *Linguagem Ubíqua*. Mais tarde, você verá como nos integramos com eles usando o *Mapeamento de Contexto*.

Desenvolvendo uma Linguagem Ubíqua

Então, como desenvolver uma *Linguagem Ubíqua* dentro da sua equipe ao colocar em prática uma das principais ferramentas do DDD? Sua *Linguagem Ubíqua* é formada a partir de um conjunto de substantivos conhecidos? Os substantivos são importantes, mas muitas vezes os desenvolvedores de software dão demasiada ênfase aos substantivos dentro de um modelo de domínio, esquecendo que a linguagem falada é composta de muito mais do que apenas substantivos. É verdade que nos concentramos principalmente nos substantivos dentro de nossos exemplos de *Contextos Delimitados* até agora, mas isso se deve ao nosso interesse em outro aspecto do DDD: o de restringir um *Domínio Central* a elementos essenciais do modelo.

Acelere a Sua Descoberta

Você pode fazer algumas sessões de *Tempestade de Eventos* enquanto trabalha em seus cenários. Elas o ajudarão a compreender rapidamente em quais cenários você deveria estar trabalhando e como eles devem ser priorizados. Da mesma forma, o desenvolvimento de cenários concretos lhe dará uma ideia melhor da direção que deverá tomar nas sessões de *Tempestade de Eventos*. Essas são duas ferramentas que funcionam bem em conjunto. Explico o uso da *Tempestade de Eventos* no Capítulo 7, "Ferramentas de Aceleração e Gestão".

Não limite seu *Domínio Central* somente aos substantivos. Em vez disso, considere expressar seu *Domínio Central* como um conjunto de cenários concretos sobre o que o modelo de domínio deve fazer. Quando digo "cenários", não me refiro a casos de uso ou histórias de usuários, como é comum em projetos de software. Refiro-me literalmente a cenários em termos de como o modelo de domínio deveria funcionar — o que os vários componentes fazem. Isso só pode ser realizado da maneira mais completa por meio da colaboração como uma equipe de *Especialistas de Domínio* e desenvolvedores.

Segue um exemplo de cenário que se encaixa com a *Linguagem Ubíqua* do Scrum:

Permita que cada item de backlog esteja comitado com um sprint. O item só pode ser comitado se já estiver programado para lançamento. Se já estiver comitado com um sprint diferente, ele deve ser descomitado primeiro. Quando a comitação for concluído, notifique as partes interessadas.

Perceba que esse não é apenas um cenário sobre como as pessoas utilizam o Scrum em um projeto. Não estamos falando de procedimentos humanos. Na verdade, esse cenário é uma descrição de como os componentes reais de um modelo de software são utilizados para auxiliar na gestão de um projeto baseado em Scrum.

O cenário anterior não é perfeito, e uma vantagem de usar o DDD é que estamos constantemente em busca de formas de melhorar o modelo. No entanto, esse é um bom começo. Falamos de substantivos, mas o cenário não se limita a eles. Também falamos de verbos, advérbios e outros tipos de gramática. Também ouvimos falar sobre restrições — condições que devem ser observadas para que o cenário seja concluído com sucesso. O benefício mais importante e a característica mais empoderadora é que é possível conversar sobre como o modelo de domínio funciona — o seu design.

Podemos até fazer imagens e diagramas simples. A ideia é fazer o necessário para se comunicar bem com a equipe. É pertinente dar um aviso aqui: tenha cuidado com a quantidade de tempo gasto na modelagem do domínio no que se refere a manter documentos com cenários escritos, desenhos e diagramas atualizados a longo prazo. Esses itens não são o modelo de domínio. Na verdade, são apenas ferramentas que o ajudam a desenvolvê-lo. No fim das contas, o código é o modelo e o modelo é o código. Esse tipo de "cerimônia" serve para observâncias distintas, como festas de casamentos, não para os modelos de domínio. Isso não significa que você deve renunciar a qualquer esforço para renovar os cenários. Mas faça isso apenas quando for útil, não um fardo.

O que você faria para melhorar parte da *Linguagem Ubíqua* em nosso exemplo anterior? Pense nisso por um minuto. O que está faltando? Em pouco tempo, provavelmente desejará compreender quem faz a entrega dos itens registrados a um sprint. Vamos acrescentar "quem" e ver o que acontece:

O proprietário do produto comita cada item de backlog a um sprint...

Em muitos casos, você perceberá que deverá nomear nada persona envolvida no cenário e atribuir algum atributo diferenciador a outros conceitos, como o item de backlog e o sprint. Isso ajudará a tornar o cenário mais concreto e menos como uma declaração sobre critérios de aceitação. Contudo, nesse caso específico, não existe nenhum grande motivo para atribuir um nome ao proprietário do produto ou descrever o item de backlog e o sprint envolvidos. Nesse caso, todos os proprietários de produto, itens de backlog e sprints funcionarão da mesma forma, com ou sem uma identidade ou persona concreta. Nos casos em que nomear ou dar outras identidades distintas aos conceitos no cenário for de ajuda, utilize esse recurso:

> *A proprietária de produto Isabel comita o item de backlog Ver Perfil do Usuário ao sprint Entregar Perfil de Usuário...*

Agora vamos pausar um pouco. A proprietária de produto não é a única pessoa responsável por decidir se um item de backlog será comitado a um sprint. Equipes de Scrum não gostariam muito disso, pois teriam de entregar o software em um prazo que não leva a opinião delas em consideração. Ainda assim, para o nosso modelo de software, talvez seja mais prático para uma única pessoa ter a responsabilidade de realizar essa ação em particular no modelo. Então, nesse caso, declaramos que realizar essa ação específica é o papel do proprietário de produto. Mesmo assim, a natureza das equipes de Scrum força a pergunta: "Há algo que deva ser feito pelo restante da equipe para habilitar o proprietário de produto a realizar a comitação?"

Viu o que aconteceu? Ao questionar o modelo atual com a pergunta "quem?", criamos uma oportunidade para pensar de forma mais profunda sobre o modelo. Talvez seja útil exigir pelo menos um pouco de consenso da equipe de que um item de backlog deva ser comitado antes de realmente permitir que o proprietário de produto conduza a operação de comitação. Isso pode levar ao seguinte cenário refinado:

> *O proprietário de produto comita um item de backlog a um sprint. O item de backlog só pode ser comitado se já estiver agendado para um lançamento, e se um quórum de membros da equipe tiver aprovado a comitação...*

Muito bem, agora temos uma *Linguagem Ubíqua* refinada, pois identificamos um novo conceito-modelo chamado de *quórum*. Decidimos que deve haver um *quórum* de membros da equipe que concorde que um item de backlog deve ser comitado, e deve haver uma forma para que eles *aprovem* a comitação. Isso introduziu um novo conceito de modelagem e a ideia de que a interface de usuário terá que facilitar as interações da equipe. Consegue ver as inovações se desdobrando?

Há outro "quem" faltando no modelo. Qual? Nosso cenário de abertura concluiu que:

Quando a comitação for concluída, notifique as partes interessadas.

Quem ou quais são as partes interessadas? Essa questão leva a mais insights de modelagem. Quem precisa saber quando um item de backlog foi comitado a um sprint? Na verdade, um elemento modelo importante é o próprio sprint. O sprint precisa rastrear a comitação total com o sprint e que esforço é necessário para realizar todas as tarefas do sprint. Independentemente de como decida projetar o sprint para rastrear isso, o importante é que o sprint seja notificado quando um item de backlog for comitado:

Se ele já estiver comitado a um sprint diferente, ele deve ser descomitado primeiro. Quando a comitação for concluída, notifique o sprint do qual foi descomitado e o sprint para o qual ele passou a estar comitado.

Agora temos um cenário de domínio bastante decente. Essa frase conclusiva também nos levou à compreensão de que o item de backlog e o sprint podem não estar necessariamente cientes da comitação ao mesmo tempo. Precisamos pedir ao negócio que tenha certeza, mas parece ser um ótimo lugar para introduzir uma *eventual consistência*. Veremos por que isso é importante e como é realizado no Capítulo 5, "Design Tático com Agregados".

O cenário refinado completo fica assim:

O proprietário de produto comita um item de backlog a um sprint. O item de backlog pode ser comitado apenas se já estiver agendado para o lançamento e se um quórum de membros da equipe tiver aprovado a comitação. Se já estiver comitado a um sprint diferente, ele deverá ser descomitado primeiro. Quando a comitação for concluída, notifique o sprint do qual o item foi descomitado e o sprint ao qual está comitado agora.

Como um modelo de software funcionaria na prática? Podemos imaginar uma interface de usuário muito inovadora dando suporte a esse modelo de software. Como a equipe de Scrum está participando da sessão de planejamento de sprint, os membros da equipe usam seus smartphones ou outros dispositivos móveis para aprovar cada item de backlog conforme discutido e acordado durante o próximo sprint. O consenso do quórum de membros da equipe aprovando cada um dos itens de backlog dá ao proprietário de produto a habilidade de comitar todos os itens de backlog aprovados ao sprint.

Colocando Cenário em Ação

Você pode estar se perguntando como fazer a transição de um cenário escrito para algum tipo de artefato que possa ser usado para validar o seu modelo de domínio de acordo com as especificações da equipe. Existe uma técnica chamada *Especificação por Exemplo* [Especificação] que pode ser utilizada; ela também é chamada de *Desenvolvimento Orientado a Comportamento* [BDD]. O objetivo dessa abordagem é desenvolver e refinar colaborativamente uma *Linguagem Ubíqua*, modelar com entendimento compartilhado e determinar se o modelo adere às suas especificações. Isso será feito por meio da criação de testes de aceitação. Veja como podemos reescrever o cenário anterior como uma especificação executável:

```
Cenário: O proprietário de produto comita um item de back-
log para um sprint
  Dado um item de backlog agendado para lançamento
  E o proprietário de produto do item de backlog
  E um sprint para comitação
  E um quórum de aprovação da equipe para a comitação
  Quando o proprietário de produto comita o item de backlog
  para o sprint
  Então o item de backlog é comitado para o sprint
  E o evento de comitação do item de backlog é criado
```

Com um cenário escrito dessa forma, é possível criar um código de suporte e usar uma ferramenta para executar essa especificação. Mesmo sem uma ferramenta, podemos descobrir que essa forma de autoria de cenário, com sua abordagem de dado/quando/então, funciona melhor do que o exemplo de autoria do cenário anterior. Ainda assim, pode ser difícil resistir a executar suas especificações como meio de validar o modelo do domínio. Comento mais sobre isso no Capítulo 7, "Ferramentas de Aceleração e Gestão".

Você não precisa usar essa forma de especificação executável para validar seu modelo de domínio de acordo com seus cenários. É possível utilizar um framework de teste unitário para realizar praticamente a mesma coisa, onde pode criar testes de aceitação (não testes unitários) que validem seu modelo de domínio:

```
/*
  O proprietário do produto comita um item do backlog para
  um sprint.
```

```
O item de backlog só pode ser comitado se já estiver
agendado para lançamento e se um quórum de membros da
equipe tiver aprovado a comitação. Quando a comitação
estiver concluída, notifique o sprint para o qual ele está
comitado.
*/

[Teste]
public void DeveComitarItemDeBacklogParaSprint()
{
  // Dado
  var Itemdebacklog = ItemdeBacklogAgendadoParaLancamen-
  to();

  var proprietáriodeProduto = ProprietáriodeProdutoDo(item-
  deBacklog);

  var sprint = SprintParaComitação();

  var quorum = QuorumDeAprovaçãodaEquipe(itemdeBacklog,
  sprint);

  // Quando
  itemdeBacklog.ComitarPara(sprint, proprietáriodeProduto,
  quorum);

  // Então
  Assert.IsTrue(itemdeBacklog.EstáComitado());

  var itemDeBacklogComitado =
      itemDeBacklog.Eventos.OfType<ItemdeBacklogComitado>().
  SingleOrDefault();

  Assert.IsNotNull(itemdeBacklogComitado);
}
```

Essa abordagem de teste de unidade para testes de aceitação alcança o mesmo objetivo da especificação executável. A vantagem disso pode ser a capacidade de escrever essa validação de cenário mais rapidamente, mas em detrimento da legibilidade. Mesmo assim, a maioria dos *Especialistas de Domínio* deve ser capaz de seguir esse código com a ajuda do desenvolvedor. Ao usar essa abordagem, provavelmente será melhor manter a forma do cenário associada ao código de validação em comentários, como visto nesse exemplo.

Independentemente da abordagem escolhida, ambas geralmente serão usadas de maneira vermelho-verde (falhou-passou), em que a especificação falhará inicialmente ao ser executada, porque não há implementação dos conceitos do modelo de domínio ainda a serem validados. Você aprimora gradualmente seu modelo de domínio por meio de uma série de resultados vermelhos até oferecer suporte completo às suas especificações e as validações passarem (tudo fica verde). Esses testes de aceitação estarão diretamente associados ao seu *Contexto Delimitado* e serão mantidos em seu repositório de código-fonte.

E o Longo Prazo?

Agora você deve estar se perguntando como devemos dar suporte à *Linguagem Ubíqua* quando a inovação parar e a manutenção começar. Na verdade, alguns dos melhores aprendizados, ou aquisições de conhecimento, ocorrem ao longo de um longo período, até mesmo durante o que alguns poderiam chamar de "manutenção". É um erro das equipes presumir que a inovação termina quando a manutenção começa.

Talvez a pior coisa que possa acontecer seja associar a "fase de manutenção" a um *Domínio Central*. Um processo contínuo de aprendizagem não é uma fase de modo algum. A *Linguagem Ubíqua* que foi desenvolvida no início deve continuar a se desenvolver ao longo dos anos. É verdade que ela pode eventualmente se tornar menos significativa, mas provavelmente não por um bom tempo. Isso faz parte do compromisso da sua organização com uma iniciativa central. Se esse compromisso de longo prazo não puder ser mantido, o modelo com o qual você está trabalhando atualmente seria realmente um diferencial estratégico, um *Domínio Central*?

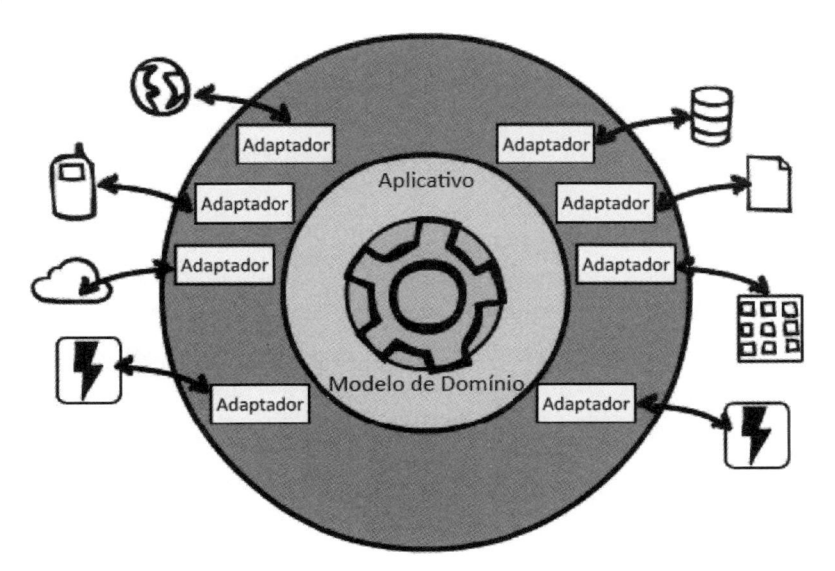

Arquitetura

Você talvez tenha se perguntado outra coisa: o que encontramos em um *Contexto Delimitado*? Usando esse diagrama de arquitetura de *Portas e Adaptadores* [IDDD], podemos ver que um *Contexto Delimitado* é composto por mais do que um modelo de domínio.

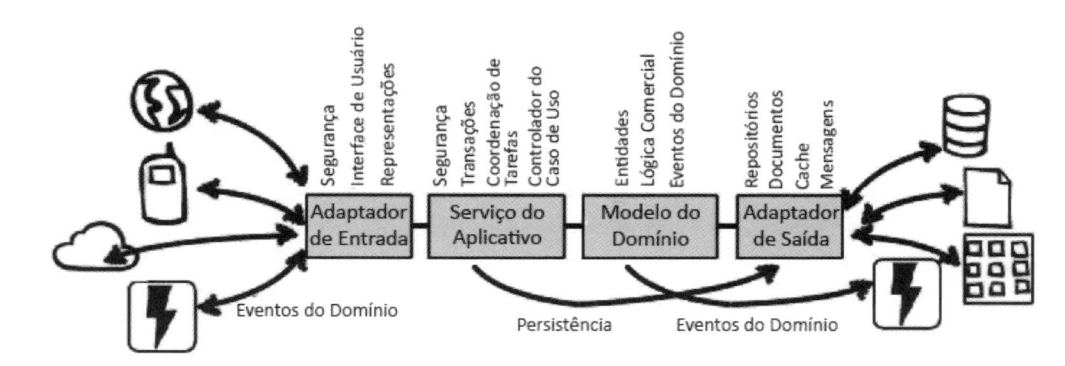

Essas camadas são comuns em um *Contexto Delimitado*: *Adaptadores de Entrada*, como controladores de interface do usuário, pontos de extremidade REST e ouvintes de mensagens; *Serviços do Aplicativo* que orquestram casos de uso e gerenciam transações; o modelo de domínio em que temos focado; e *Adaptadores de Saída*, como gerenciamento de persistência e enviadores de mensagem. Há muito a se dizer sobre as várias camadas dessa arquitetura, e ele é muito elaborado para ser discutido neste livro destilado. Veja o Capítulo 4 de *Implementando Domain-Driven Design* [IDDD] para uma discussão mais aprofundada.

Modelo de Domínio Livre de Tecnologia

Embora haja tecnologia espalhada por toda a sua arquitetura, o modelo de domínio deve ser livre de tecnologia. É por isso que as transações são gerenciadas pelos serviços do aplicativo e não pelo modelo de domínio.

Portas e Adaptadores podem ser usados como arquitetura fundamental, mas não é a única que pode ser usada com o DDD. Além de Portas e Adaptadores, você pode usar DDD com qualquer uma destas arquiteturas ou padrões de arquitetura (entre outros), combinando-os conforme a necessidade:

- Arquitetura Orientada a Eventos; *Fornecimento de Eventos* [IDDD]. Observação: o *Fornecimento de Eventos* é discutido neste livro no Capítulo 6, "Design Tático com Eventos de Domínio".
- Segregação de Responsabilidade de Comando e Consulta (CQRS) [IDDD].
- Modelo Reativo e de Atores; veja os *Padrões de Mensagens Reativas com o Modelo de Atores* [Reativo], que também detalha o uso do Modelo de Atores com o DDD.
- Transferência de Estado Representacional (REST) [IDDD].
- Arquitetura Orientada a Serviços (SOA) [IDDD].
- Os microsserviços são explicados em *Construindo Microsserviços* [Microsserviços] como essencialmente equivalentes aos *Contextos Delimitados* do DDD; portanto, tanto o livro que você está lendo quanto o *Implementado Domain-Driven Design* discutem o desenvolvimento de microsserviços a partir dessa perspectiva.
- A computação em nuvem é suportada de maneira semelhante aos microsserviços, de modo que tudo o que você ler neste livro, no *Implementando Domain-Driven Design* e em *Padrões de Mensagens Reativas com o Modelo de Atores* [Reativo] é aplicável.

É necessário fazer uma observação adicional sobre os microsserviços. Alguns consideram um microsserviço como algo muito menor do que um *Contexto Delimitado* do DDD. Usando essa definição, um microsserviço modela apenas um conceito e gerencia um tipo limitado de dados. Um exemplo de tal microsserviço seria um `Produto` e outro seria um `ItemdeBacklog`. Se você considera essa granularidade digna de um microsserviço, entenda que tanto o microsserviço `Produto` quanto o microsserviço `ItemdeBacklog` ainda estarão no mesmo *Contexto Delimitado* lógico e maior. Os dois pequenos componentes de microsserviço possuem apenas unidades de implantação diferentes, o que também pode afetar como eles interagem (veja *Mapeamento de Contexto*). Linguisticamente, eles ainda estão dentro do mesmo limite contextual e semântico baseado em Scrum.

Resumo

Em resumo, você aprendeu:

- Alguns dos principais problemas de colocar muita coisa em um único modelo e criar uma *Grande Bola de Lama*
- A aplicação do design estratégico do DDD
- O uso do *Contexto Delimitado* e da *Linguagem Ubíqua*
- Como desafiar suas suposições e unificar modelos mentais
- Como desenvolver uma *Linguagem Ubíqua*
- Sobre os componentes arquiteturais encontrados dentro de um *Contexto Delimitado*
- Que o DDD não é muito difícil de colocar em prática por conta própria!

Para uma abordagem mais aprofundada dos *Contextos Delimitados*, veja o Capítulo 2 do livro *Implementando Domain-Driven Design* [IDDD].

Capítulo 3

Design Estratégico com Subdomínios

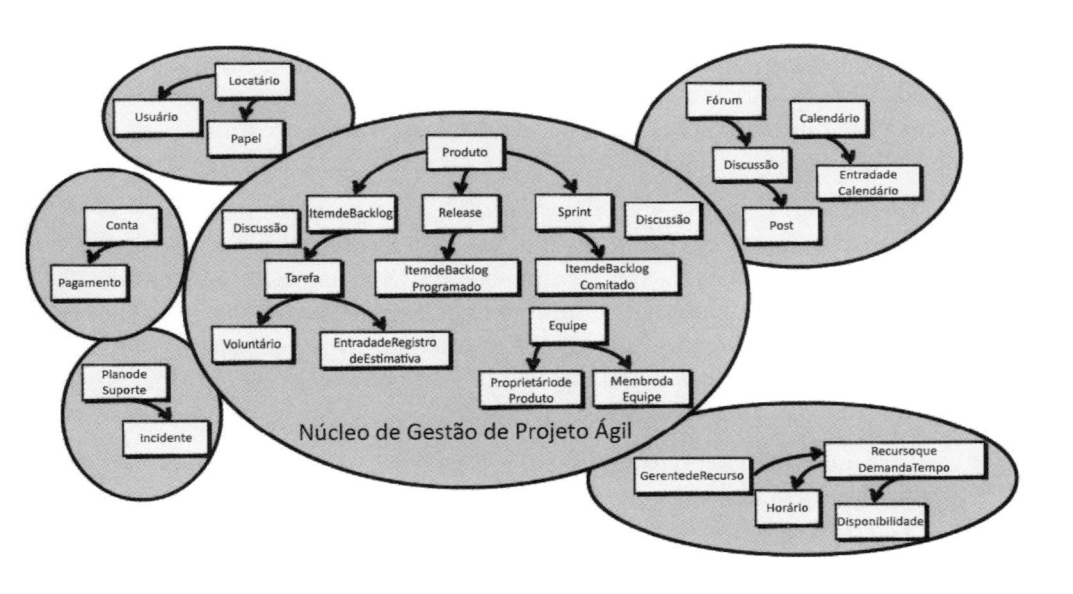

Ao trabalhar em um projeto de DDD, sempre haverá múltiplos *Contextos Delimitados* em jogo. Um dos *Contextos Delimitados* será o *Domínio Central*, e haverá também vários *Subdomínios* em outros *Contextos Delimitados*. No capítulo anterior, vimos a importância de dividir modelos diferentes segundo sua *Linguagem Ubíqua* específica e formar múltiplos *Contextos Delimitados*. Há seis *Contextos Delimitados* e seis *Subdomínios* no diagrama anterior. Como o design estratégico do DDD foi usado, as equipes conseguiram obter uma composição de modelagem mais otimizada: um *Subdomínio* por *Contexto Delimitado*, e um *Contexto Delimitado* por *Subdomínio*. Em outras palavras, o *Núcleo de Gerenciamento de Projetos Ágeis* é um *Contexto Delimitado* limpo e um *Subdomínio* limpo. Em algumas situações, podem haver múltiplos *Subdomínios* em um *Contexto Delimitado*, mas esse esquema não obtém o resultado de modelagem mais otimizado.

O que é um Subdomínio?

Dito de forma simples, um *Subdomínio* é uma subparte do seu domínio de negócio geral. Podemos encarar um *Subdomínio* como representando um modelo de um único domínio lógico. A maioria dos domínios de negócios são geralmente grandes e complexos demais para raciocinarmos sobre eles como um todo, então geralmente nos preocupamos apenas com os *Subdomínios* que devemos usar em um único projeto. Os *Subdomínios* podem ser usados para dividir logicamente todo o seu domínio de negócios para que você possa entender o *espaço do problema* em um projeto grande e complexo.

Outra maneira de encarar um *Subdomínio* é como uma área clara de especialização, presumindo que ele seja responsável por fornecer uma solução para uma área central do seu negócio. Isso implica que um *Subdomínio* específico terá um ou mais *Especialistas de Domínio* que entendem muito bem os aspectos do negócio que um *Subdomínio* específico facilita. O *Subdomínio* também tem maior ou menor significado estratégico para o seu negócio.

Se o DDD tivesse sido usado para desenvolvê-lo, o *Subdomínio* teria sido implementado como um *Contexto Delimitado* limpo. Os *Especialistas de Domínio* que se especializam nessa área específica do negócio teriam sido membros da equipe que desenvolveu o *Contexto Delimitado*. Embora usar o DDD para desenvolver um *Contexto Delimitado* limpo seja a escolha ideal, às vezes só podemos desejar que esse tivesse sido o caso.

Os Tipos de Subdomínios

Existem três tipos primários de *Subdomínios* dentro de um projeto:

- *Domínio Central:* Nele, você faz um investimento estratégico em um único modelo de domínio bem definido, comprometendo recursos significativos para criar cuidadosamente sua *Linguagem Ubíqua* em um *Contexto Delimitado* explícito. Isso está bem no topo da lista de projetos da sua organização, porque o distinguirá de todos os concorrentes. Como sua organização não pode se destacar em tudo o que faz, seu *Domínio Central* demarca onde isso deve acontecer. Alcançar o nível de aprendizagem profunda e compreensão necessária para fazer tal determinação requer compromisso, colaboração e experimentação. É onde a organização precisa investir mais liberalmente em software. Forneço os meios para acelerar e gerenciar esses projetos de forma eficiente e eficaz mais adiante neste livro.

- *Subdomínio de Suporte:* Essa é uma situação de modelagem que exige desenvolvimento personalizado, porque não existe uma solução pronta para uso. No entanto, ainda não exige o tipo de investimento dedicado para o seu *Domínio Central*. Talvez você deseje considerar a terceirização desse tipo de *Contexto Delimitado* para evitar confundi-lo com algo estrategicamente distinto e, assim, investir muito nele. Esse ainda é um modelo de software importante, pois seu *Domínio Central* não será bem-sucedido sem ele.

- *Subdomínio Genérico:* Esse tipo de solução pode estar disponível para compra, mas também pode ser terceirizado ou até mesmo desenvolvido internamente por uma equipe que não tenha o tipo de desenvolvedores de elite designados ao seu *Domínio Central* ou até mesmo a um *Subdomínio de Suporte* menor. Tenha cuidado para não confundir um *Subdomínio Genérico* com um *Domínio Central*. Você não quer fazer esse tipo de investimento aqui.

Ao discutir um projeto no qual o DDD está sendo empregado, provavelmente estaremos discutindo sobre um *Domínio Central*.

Lidando com a Complexidade

É muito provável que alguns dos limites do sistema em um domínio de negócios sejam sistemas legados, talvez aqueles criados pela sua organização ou adquiridos por meio de licenciamento de software. Nesse momento, talvez não seja possível fazer muito para melhorar esses sistemas legados, mas você ainda precisará pensar neles enquanto exercerem um impacto no seu projeto do *Domínio Central*. Para isso, use os *Subdomínios* como uma ferramenta para discutir o *espaço do problema*.

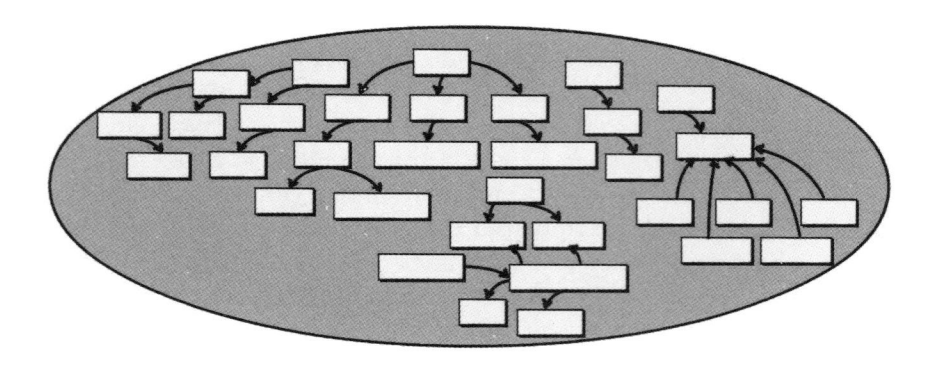

A triste verdade é que alguns sistemas legados são tão contrários à maneira DDD de projetar com *Contextos Delimitados* que você pode até se referir a eles como sistemas legados *não delimitados*. Isso porque esse tipo de sistema legado é o que eu já chamei de uma *Grande Bola de Lama*. Na realidade, o sistema está repleto de vários modelos emaranhados que deveriam ter sido projetados e implementados separadamente, mas que foram misturados em uma bagunça muito complexa e entrelaçada.

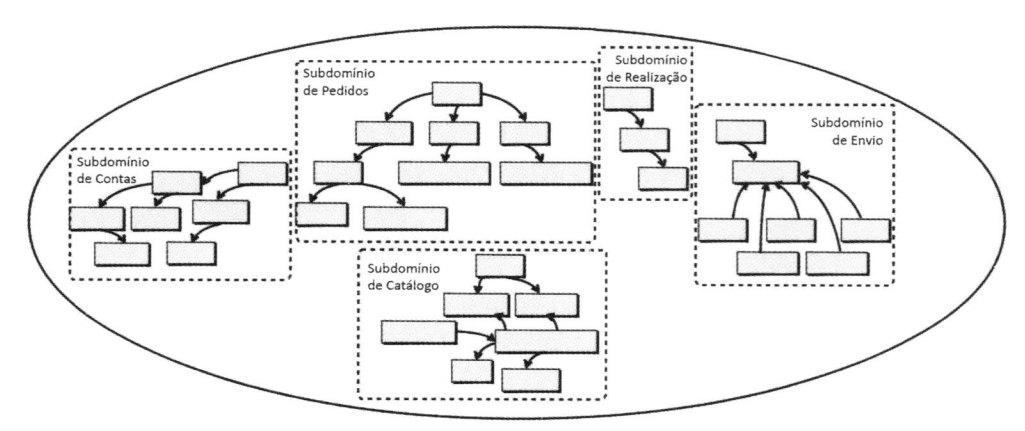

Dito de outra maneira, quando estamos discutindo um sistema legado, provavelmente existem alguns ou muitos modelos de domínio *lógico* que existem dentro desse sistema legado. Pense em cada um desses modelos de domínio lógico como um *Subdomínio*. No diagrama, cada *Subdomínio* lógico na *Grande Bola de Lama* monolítica e ilimitada é marcado por uma caixa tracejada. Existem cinco modelos lógicos ou *Subdomínios*. Tratar os *Subdomínios* lógicos dessa forma nos ajuda a lidar com a complexidade de grandes sistemas. Isso faz muito sentido porque nos permite tratar o *espaço do problema* como se ele tivesse sido desenvolvido usando DDD e vários *Contextos Delimitados*.

O sistema legado parece menos monolítico e enlameado se imaginarmos *Linguagens Ubíquas* separadas, pelo menos para entender como devemos nos integrar a ele. Pensar e discutir esses sistemas legados usando *Subdomínios* nos ajuda a lidar com as duras realidades de um grande modelo emaranhado. E à medida que raciocinamos usando essa ferramenta, podemos determinar quais *Subdomínios* são mais valiosos para o negócio e necessários para o nosso projeto, e quais podem ser relegados a um status menor.

Com isso em mente, podemos até mostrar o *Domínio Central* no qual estamos trabalhando, ou prestes a trabalhar, no mesmo diagrama simples. Isso ajudará a entender as associações e dependências entre os *Subdomínios*. Mas guardarei os detalhes dessa discussão para o *Mapeamento de Contexto*.

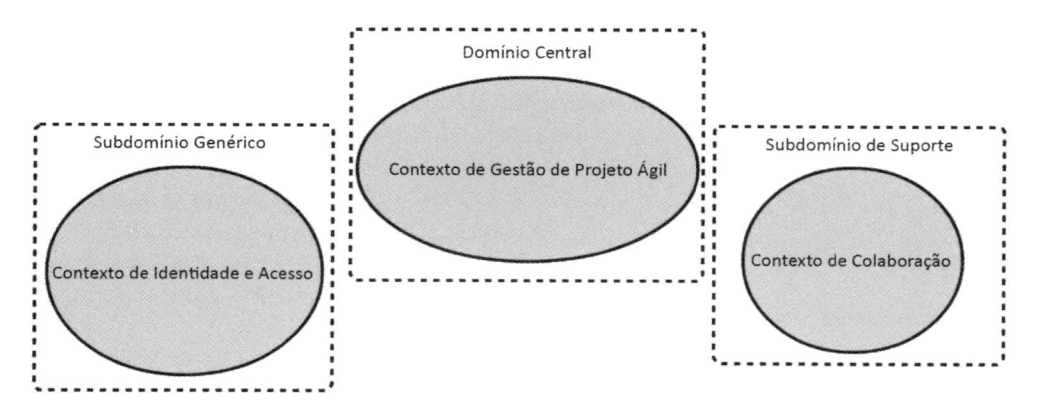

Ao usar o DDD, um *Contexto Delimitado* deve se alinhar de um para um (1:1) com um único *Subdomínio*. Ou seja, ao usar o DDD, se houver um *Contexto Delimitado*, haverá um modelo de *Subdomínio* nesse *Contexto Delimitado* como meta. Isso nem sempre será possível ou prático de alcançar, mas é importante projetar dessa maneira sempre que possível. Isso manterá seus *Contextos Delimitados* limpos e focados na iniciativa estratégica central.

Se criar um segundo modelo no mesmo *Contexto Delimitado* (dentro do seu *Domínio Central*), você deverá segregar o modelo secundário do seu *Domínio Central* usando um *Módulo* completamente separado [IDDD]. (Um *Módulo* DDD é basicamente um pacote em Scala e Java, e um namespace em F# e C#.) Isso deixa clara a afirmação linguística de que um modelo é o núcleo e o outro é meramente o apoio. Esse uso particular de segregar um *Subdomínio* é aquele que você empregaria em seu *espaço da solução*.

Resumo

Em resumo, você aprendeu:

- O que são *Subdomínios* e como eles são usados, tanto no *espaço do problema* quanto no *espaço da solução*
- A diferença entre *Domínio Central, Subdomínio de Suporte* e *Subdomínio Genérico*
- Como utilizar *Subdomínios* enquanto raciocina sobre a integração com um sistema legado *Grande Bola de Lama*
- A importância de alinhar seu *Contexto Delimitado* do DDD de um para um com um único *Subdomínio*
- Como segregar um modelo de *Subdomínio de Suporte* do seu modelo de *Domínio Central* usando um *Módulo* DDD quando é impraticável separar os dois em *Contextos Delimitados* diferentes

Para obter uma análise completa dos *Subdomínios*, consulte o Capítulo 2 do livro *Implementando o Domain-Driven Design* [IDDD].

Capítulo 4

Design Estratégico com Mapeamento de Contexto

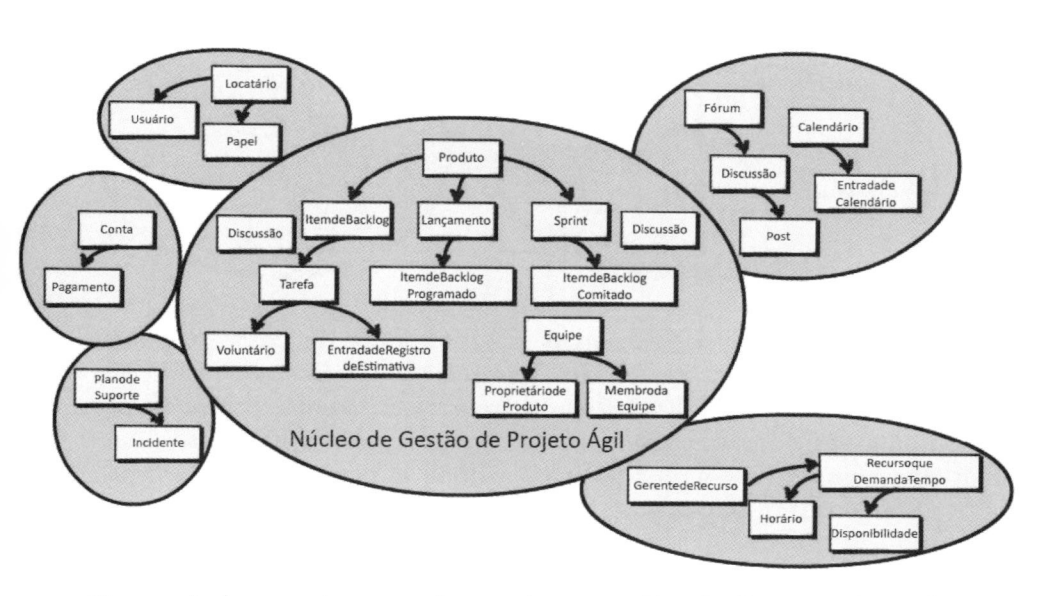

Nos capítulos anteriores, você aprendeu que, além do *Domínio Central*, também existem diversos *Contextos Delimitados* associados em todo projeto de DDD. Todos os conceitos que não faziam parte do *Contexto de Gestão de Projeto Ágil* — o *Domínio Central* — foram movidos para um de vários outros *Contextos Delimitados*.

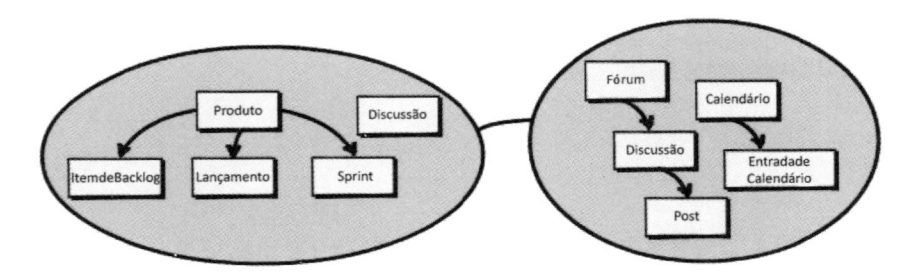

Também viu que o *Domínio Central* da Gestão de Projeto Ágil teria que se integrar com outros *Contextos Delimitados*. Essa integração é conhecida no DDD como *Mapeamento de Contexto*. É possível ver no *Mapa de Contexto* anterior que `Discussão` existe nos dois *Contextos Delimitados*. Lembre-se de que isso acontece porque o *Contexto de Colaboração* é a fonte da `Discussão`, e que o *Contexto de Gestão de Projeto Ágil* é o consumidor da `Discussão`.

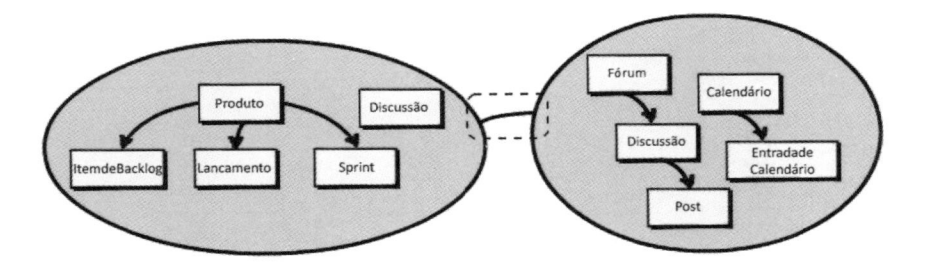

O *Mapeamento de Contexto* foi destacado nesse diagrama pela linha dentro da caixa tracejada. (A caixa tracejada não faz parte do *Mapeamento de Contexto*, mas é utilizada apenas para destacar a linha.) Na verdade, é a linha entre dois *Contextos Delimitados* que representa um *Mapeamento de Contexto*. Em outras palavras, a linha indica que dois *Contextos Delimitados* são mapeados de alguma forma. Haverá uma dinâmica entre equipes entre os dois *Contextos Delimitados*, além de alguma integração.

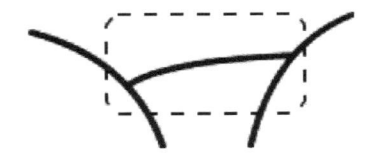

Considerando que em dois *Contextos Delimitados* diferentes há duas *Linguagens Ubíquas*, essa linha representa a tradução que existe entre as duas linguagens. Para ilustrar, imagine que duas equipes precisam trabalhar juntas, mas que trabalham em nações diferentes que não falam a mesma língua. Ou as duas equipes precisariam de um intérprete, ou uma das duas (ou as duas) equipes precisariam aprender muito sobre a linguagem da outra. Encontrar um intérprete seria menos trabalhoso para ambas as equipes, mas seria dispendioso de várias formas. Por exemplo, imagine o tempo extra necessário para que uma equipe falasse com o intérprete e para o intérprete transmitir a mensagem para a outra equipe. Funciona bem nos primeiros momentos, mas depois se torna incômodo. Mesmo assim, as equipes podem achar que essa é uma solução melhor do que aprender uma língua estrangeira e mudar de uma linguagem para a outra constantemente. E, claro, isso descreve a relação entre apenas duas equipes. E se houverem outras envolvidas? Similarmente, haveria as mesmas trocas ao se traduzir ou adaptar uma *Linguagem Ubíqua* para a outra.

Quando falamos sobre *Mapeamento de Contexto*, o que é do nosso interesse é *que tipo* de relação e integração entre equipes é representado pela linha entre dois *Contextos Delimitados* quaisquer. Fronteiras bem definidas e contratos entre elas ajudam a criar mudanças controladas com o passar do tempo. Há diversos tipos de *Mapeamentos de Contexto*, tanto de equipe quanto técnicos, que podem ser representados pela linha. Em alguns casos, tanto a relação entre equipes quanto o mapeamento de integração serão mesclados.

Tipos de Mapeamentos

Quais relacionamentos e integrações podem ser representadas pela linha de *Mapeamento de Contexto*. Vou apresentá-las agora.

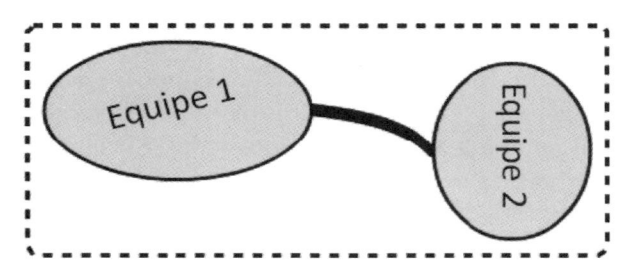

Parceria

Existe uma relação de *Parceria* entre duas equipes. Cada equipe é responsável por um *Contexto Delimitado*. Elas criam uma *Parceria* para alinhar as duas equipes com um conjunto dependente de metas. Diz-se que as duas equipes terão sucesso ou fracassarão juntas. Como estão muito alinhadas, elas se reunirão com frequência para sincronizar horários e trabalhos dependentes e terão que usar integração contínua para manter suas integrações em harmonia. A sincronização é representada pela linha de mapeamento espessa entre as duas equipes. A linha espessa indica o nível de compromisso necessário, o qual é bastante elevado.

Pode ser desafiador manter uma *Parceria* a longo prazo, então muitas equipes que entram em uma *Parceria* podem se beneficiar ao estabelecer limites para o prazo da relação. A *Parceria* deve durar apenas enquanto fornecer vantagens e deve ser remapeada para um relacionamento diferente quando a vantagem for superada pelo ônus do compromisso.

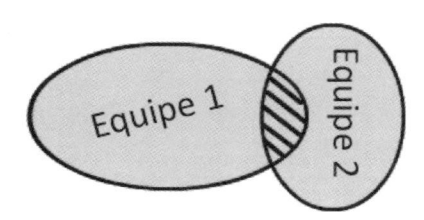

Núcleo Compartilhado

Um *Núcleo Compartilhado*, representado mais adiante pela interseção dos dois *Contextos Delimitados*, descreve a relação entre duas (ou mais) equipes que compartilham um modelo comum, porém, pequeno. As equipes devem concordar sobre quais elementos do modelo devem compartilhar. É possível que apenas uma das equipes mantenha o código, compile e teste o que é compartilhado. Em geral, um *Núcleo Compartilhado* é difícil de conceber e de manter, porque é necessário que as equipes tenham uma comunicação aberta e cheguem a acordos constantes sobre o que constitui o modelo a ser compartilhado. No entanto, é possível ter sucesso se todos os envolvidos estiverem comprometidos com a ideia de que o núcleo é melhor do que seguir *Caminhos Separados* (consulte a seção posterior).

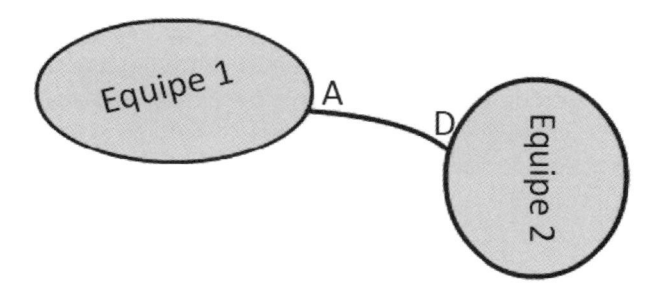

Cliente-Fornecedor

Um *Cliente-Fornecedor* descreve uma relação entre dois *Contextos Delimitados* e suas respectivas equipes, onde o *Fornecedor* está ascendente (o A no diagrama) e o *Cliente* está descendente (o D no diagrama). O *Fornecedor* tem influência nessa relação porque deve fornecer o que o *Cliente* precisa. Cabe ao *Cliente* planejar com o *Fornecedor* para atender a várias expectativas, mas, no final, o *Fornecedor* determina o que o *Cliente* receberá e quando receberá. Essa é uma relação muito comum e prática entre equipes, mesmo dentro da mesma organização, desde que a cultura corporativa não permita que o *Fornecedor* seja totalmente autônomo e não responsivo às necessidades reais dos *Clientes*.

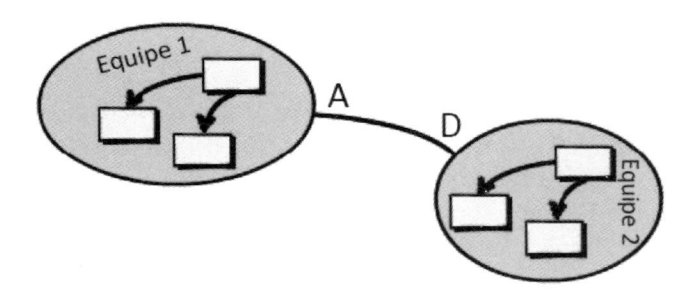

Conformista

Uma relação *Conformista* existe quando há equipes ascendentes e descendentes, e a equipe ascendente não tem motivação para atender às necessidades específicas da equipe descendente. Por várias razões, a equipe descendente não consegue sustentar um esforço para traduzir a *Linguagem Ubíqua* do modelo ascendente para atender às suas necessidades específicas, então a equipe se conforma ao modelo ascendente atual. Em geral, uma equipe se torna *Conformista*, por exemplo, ao se integrar a um modelo muito grande, complexo e bem estabelecido. Exemplo: considere a necessidade de se conformar ao modelo da Amazon.com ao se integrar como um dos vendedores afiliados dela.

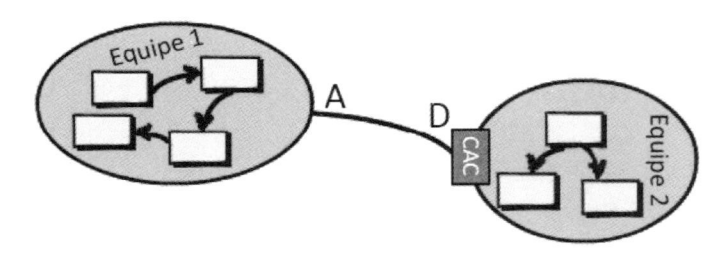

Camada Anticorrupção

Uma *Camada Anticorrupção* é a relação de *Mapeamento de Contexto* mais defensiva, onde a equipe ascendente cria uma camada de tradução entre sua *Linguagem Ubíqua* (modelo) e a *Linguagem Ubíqua* (modelo) ascendente a ela. A camada isola o modelo descendente do modelo ascendente e faz a tradução entre os dois. Portanto, essa também é uma abordagem para integração.

Sempre que possível, você deve tentar criar uma *Camada Anticorrupção* entre seu modelo descendente e um modelo de integração ascendente para produzir conceitos de modelo do seu lado da integração que se ajustem especificamente às suas necessidades de negócio e que o mantenham completamente isolado de conceitos externos. No entanto, assim como contratar um tradutor para atuar entre duas equipes que falam idiomas diferentes, o custo pode ser alto de várias maneiras em alguns casos.

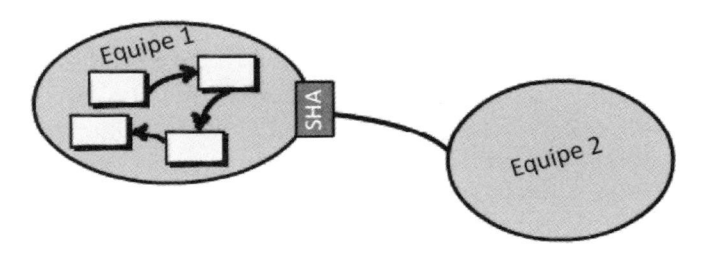

Serviço de Host Aberto

Um *Serviço de Host Aberto* define um protocolo ou uma interface que dá acesso ao seu *Contexto Delimitado* como um conjunto de serviços. O protocolo é "aberto" para que todos os que precisam se integrar ao seu *Contexto Delimitado* possam usá-lo com relativa facilidade. Os serviços oferecidos pela interface de programação de aplicativos (API) são bem documentados e prazerosos de usar. Mesmo que você fosse a Equipe 2 nesse diagrama e não pudesse dedicar tempo para criar uma *Camada Anticorrupção* isolante para seu lado da integração, seria muito mais tolerável ser um *Conformista* a esse modelo do que a muitos sistemas legados que podemos encontrar. Podemos dizer que a linguagem do *Serviço de Host Aberto* é muito mais fácil de consumir do que a de outros tipos de sistemas.

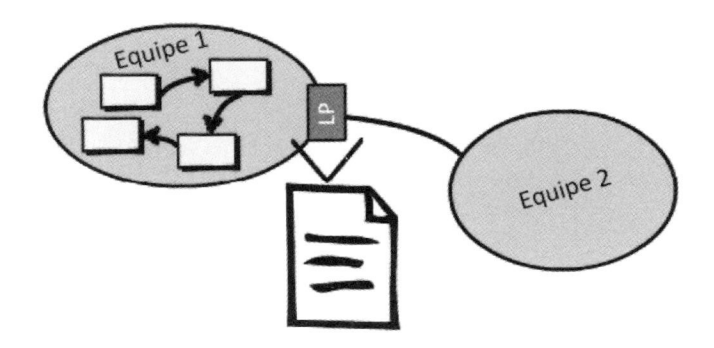

Linguagem Publicada

Uma *Linguagem Publicada*, ilustrada na imagem, é uma linguagem de troca de informações bem documentada que permite o consumo e a tradução simples por qualquer número de *Contextos Delimitados* consumidores. Os consumidores que leem e escrevem podem traduzir de e para a linguagem compartilhada com confiança de que suas integrações estão corretas. Essa *Linguagem Publicada* pode ser definida com um esquema XML, um esquema JSON ou um formato de transmissão mais otimizado, como Protobuf ou Avro. Frequentemente, um *Serviço de Host Aberto* atende e consome uma *Linguagem Publicada*, o que proporciona a melhor experiência de integração para terceiros. Essa combinação torna as traduções entre duas *Linguagens Ubíquas* muito convenientes.

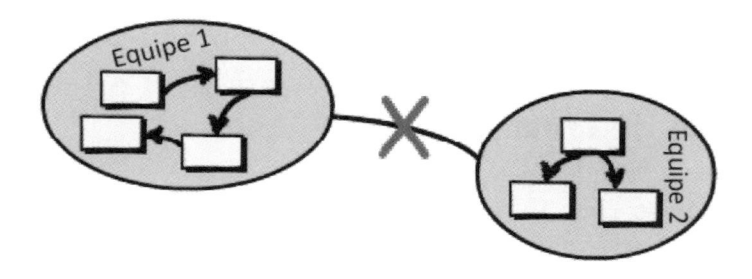

Caminhos Separados

Caminhos Separados descreve uma situação em que a integração com um ou mais *Contextos Delimitados* não trará um benefício significativo por meio do consumo de várias *Linguagens Ubíquas*. Talvez a funcionalidade que você está procurando não seja totalmente fornecida por nenhuma *Linguagem Ubíqua*. Nesse caso, produza sua própria solução especializada em seu *Contexto Delimitado* e esqueça a integração para esse caso específico.

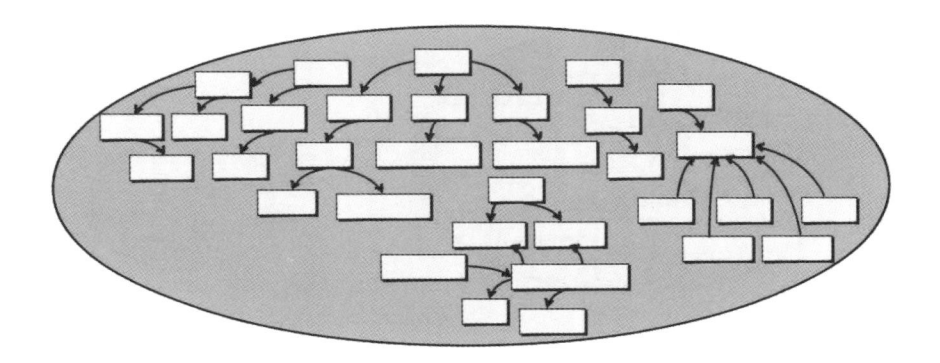

Grande Bola de Lama

Já aprendemos bastante sobre a *Grande Bola de Lama* nos capítulos anteriores, mas reforçarei os graves problemas que enfrentaremos ao trabalhar ou nos integrar a uma. Criar a sua própria *Grande Bola de Lama* deve ser evitado a todo custo.

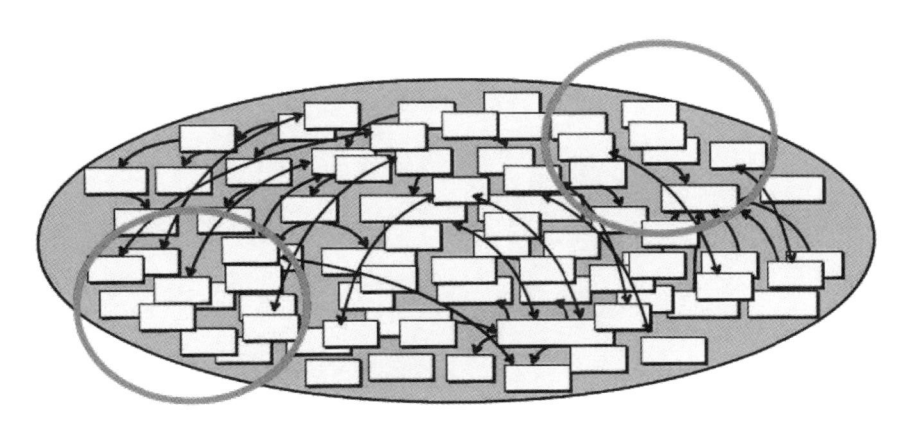

Caso os alertas dados até agora não sejam suficientes, isso é o que acontece com o passar do tempo quando você é responsável por criar uma *Grande Bola de Lama*: (1) Um número crescente de *Agregados* se contaminam devido às conexões e dependências injustificadas. (2) Manter uma parte da *Grande Bola de Lama* afeta todo o modelo, o que leva a problemas de "chover no molhado". (3) Apenas conhecimento tribal e heroísmo — falar todas as línguas ao mesmo tempo — salvam o sistema de um colapso completo.

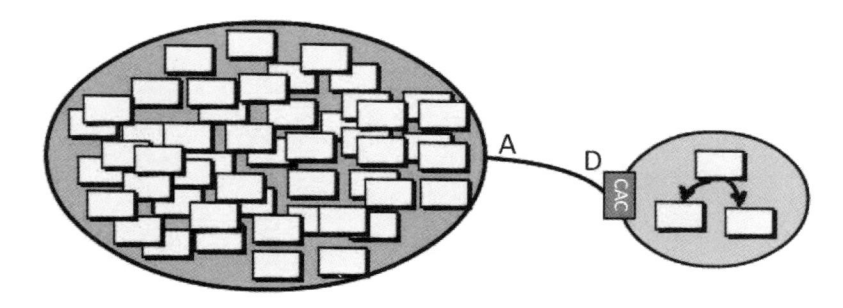

O problema é que já existem umas *Grandes Bolas de Lama* por aí no vasto mundo dos sistemas de software, e esse número certamente aumentará a cada mês. Mesmo se você conseguisse evitar a criação de uma *Grande Bola de Lama* usando técnicas do DDD, ainda poderia precisar se integrar a uma ou mais. Se precisar fazer isso, tente criar uma *Camada Anticorrupção* contra cada sistema legado para proteger seu próprio modelo da sujeira que, de outra forma, poluiria o modelo com um amontoado incompreensível. Independentemente do que fizer, *não fale essa língua*!

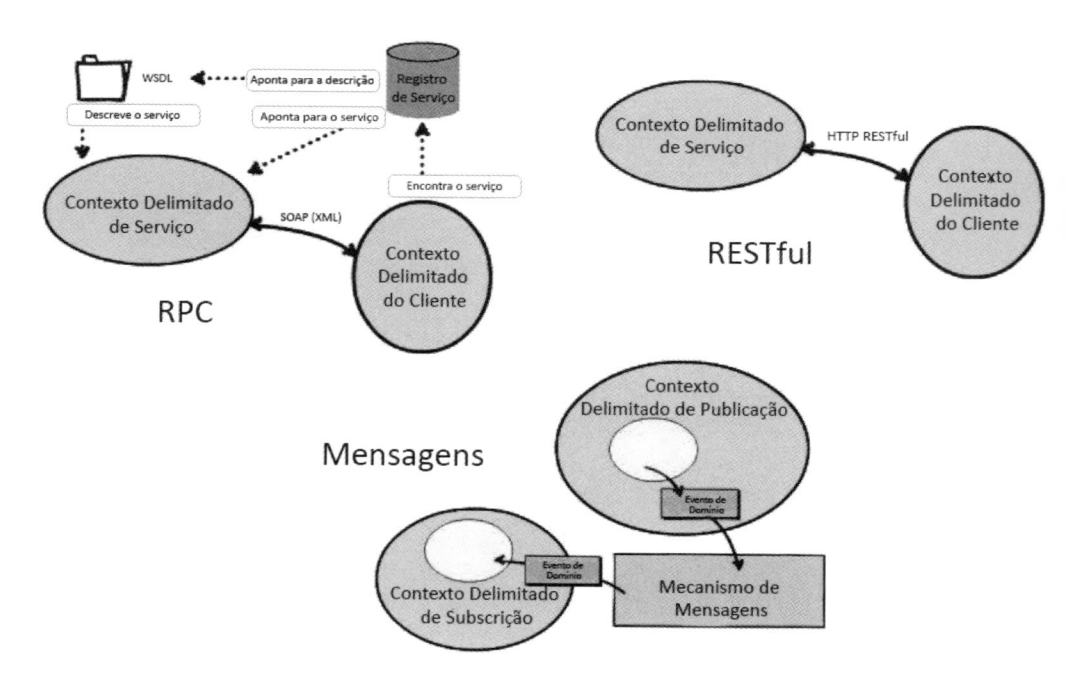

Fazendo Bom Uso do Mapeamento de Contexto

Você deve estar se perguntando que tipo específico de interface seria fornecido para permitir a integração com determinado *Contexto Delimitado*. Isso depende do que a equipe proprietária do *Contexto Delimitado* fornece. Pode ser RPC via SOAP, ou interfaces RESTful com recursos, ou uma interface de mensagens usando filas ou o padrão Publicação-Assinatura. Nas situações menos favoráveis, você pode ser forçado a usar a integração do banco de dados ou do sistema de arquivos, mas esperamos que isso não aconteça. A integração de banco de dados deve ser evitada e, se formos forçados a fazer essa integração, devemos isolar seu modelo de consumo por meio de uma *Camada Anticorrupção*.

Vamos dar uma olhada em três dos tipos de integração mais confiáveis. Passaremos das abordagens de integração menos robustas para as mais robustas. Primeiro, examinaremos a RPC, seguido pelo HTTP RESTful e, em seguida, a troca de mensagens.

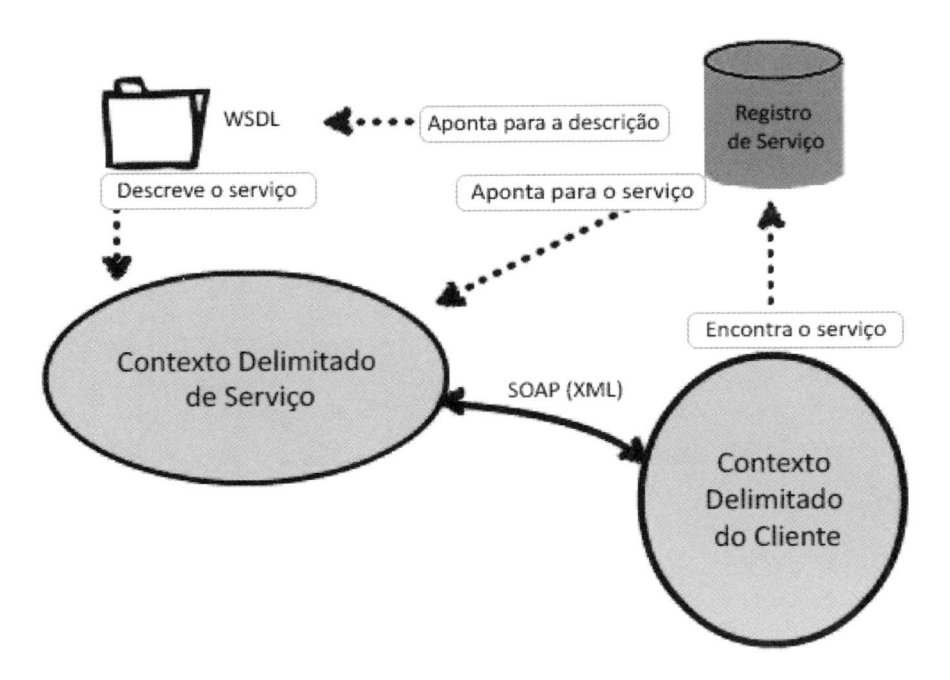

RPC com SOAP

Chamadas de Procedimento Remoto, ou RPC, podem funcionar de várias maneiras. Uma maneira popular de usar RPC com SOAP é por meio do Protocolo de Acesso a Objetos Simples, ou SOAP. A ideia por trás da RPC com SOAP é fazer com que o uso de serviços de outro sistema pareça uma invocação simples de procedimento ou método local. No entanto, a solicitação SOAP deve percorrer a rede, alcançar o sistema remoto, ser executada com sucesso e retornar os resultados pela rede. Isso traz o potencial de falha completa na rede ou, pelo menos, de latência não prevista ao implementar a integração pela primeira vez. Além disso, a RPC sobre SOAP também implica um acoplamento forte entre um *Contexto Delimitado* do cliente e o *Contexto Delimitado* que fornece o serviço.

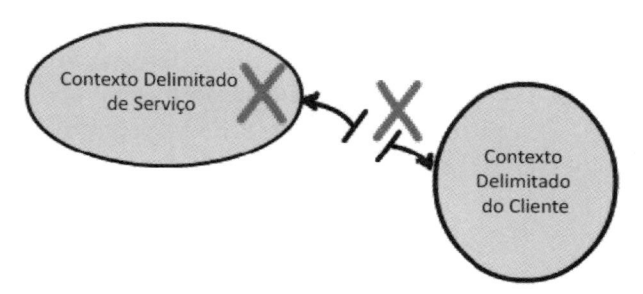

O principal problema da RPC com o SOAP, ou outra abordagem, é que pode faltar robustez. Se houver um problema com a rede ou um problema com o sistema que hospeda a API SOAP, sua chamada de procedimento aparentemente simples falhará por completo, fornecendo apenas resultados de erro. Não se deixe enganar pela aparente facilidade de uso.

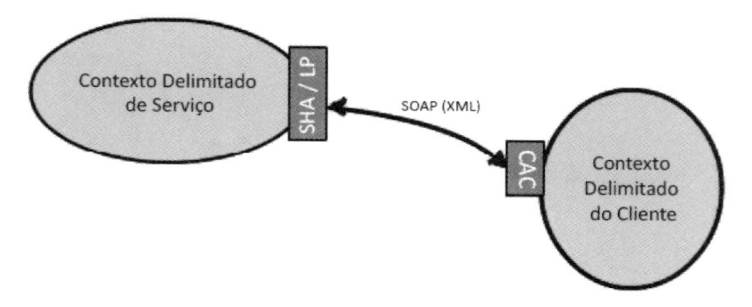

Quando a RPC funciona — e, na maioria das vezes, funciona —, ela pode ser uma forma muito útil de integração. Se puder influenciar o design do *Contexto Delimitado* do serviço, seria do seu interesse ter uma API bem projetada, que forneça um *Serviço de Host Aberto* com uma *Linguagem Publicada*. De qualquer maneira, o *Contexto Delimitado* do cliente pode ser projetado com uma *Camada Anticorrupção* para isolar seu modelo de influências externas indesejadas.

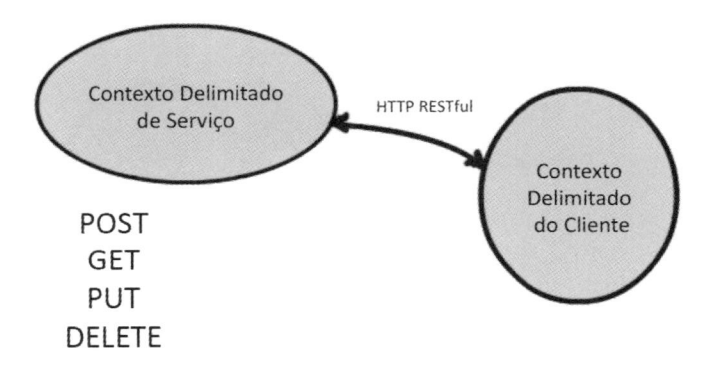

```
        ┌─────────────────┐
        │ Contexto        │  HTTP RESTful
        │ Delimitado      │ ──────────────▶  ┌──────────────┐
        │ de Serviço      │                  │ Contexto     │
        └─────────────────┘                  │ Delimitado   │
                                             │ do Cliente   │
            POST                             └──────────────┘
            GET
            PUT
            DELETE
```

HTTP RESTful

A integração utilizando HTTP RESTful concentra a atenção nos recursos que são trocados entre os *Contextos Delimitados*, bem como nas quatro operações principais: POST, GET, PUT e DELETE. Muitos acham que a abordagem REST para integração funciona bem porque os ajuda a definir boas APIs para computação distribuída. É difícil argumentar contra essa afirmação, dado o sucesso da Internet e da Web.

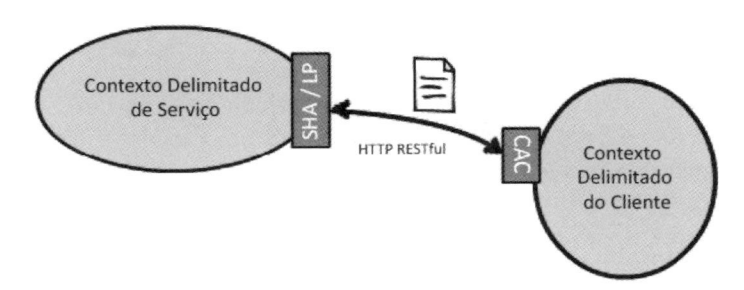

```
        ┌─────────────────┐ SHA/LP      ┌──────────────┐
        │ Contexto        │◀─── 📄 ─────│              │
        │ Delimitado      │             │ Contexto     │
        │ de Serviço      │   HTTP RESTful │ Delimitado   │
        └─────────────────┘        CAC   │ do Cliente   │
                                         └──────────────┘
```

Há uma maneira muito específica de pensar ao usar o HTTP RESTful. Não entrarei em detalhes neste livro, mas é bom pesquisar sobre isso antes de tentar utilizar o REST. O livro *REST in Practice* [RiP] [sem publicação no Brasil] é um bom ponto de partida.

Um *Contexto Delimitado* de serviço que oferece uma interface REST deve fornecer um *Serviço de Host Aberto* e uma *Linguagem Publicada*. Os recursos devem ser definidos como uma *Linguagem Publicada* e, combinados com suas URIs REST, formarão um *Serviço de Host Aberto* natural.

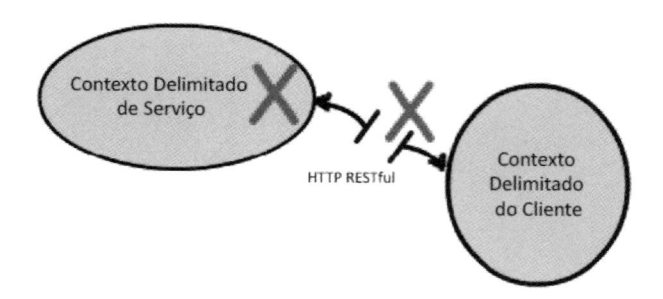

O HTTP RESTful tende a falhar por muitas das mesmas razões que a RPC — falhas na rede e no provedor de serviços ou latência não prevista. No entanto, o HTTP Restful é baseado na premissa da Internet, e quem pode encontrar falhas no histórico da Web quando se trata de confiabilidade, escalabilidade e sucesso em geral?

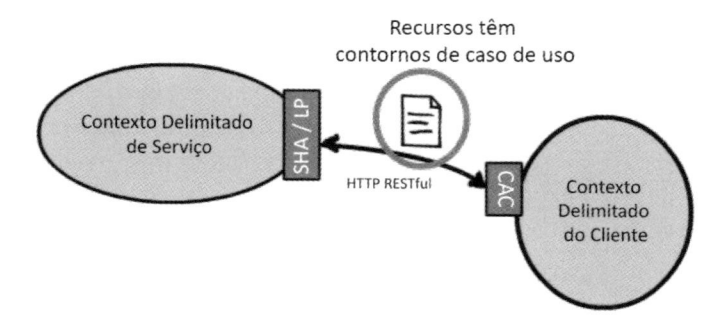

Um erro comum ao usar o REST é projetar recursos que refletem diretamente os *Agregados* no modelo de domínio. Fazer isso obriga cada cliente a ter um relacionamento *Conformista* no qual, se o modelo mudar de forma, os recursos também mudarão. Portanto, você não deve fazer isso. Em vez disso, os recursos devem ser projetados de forma sintética para seguir casos de uso orientados ao cliente. Por "sintético", quero dizer que, para o cliente, os recursos fornecidos devem ter a forma e a composição do que eles precisam, não a aparência do modelo de domínio real. Às vezes, o modelo será exatamente o que o cliente precisa. Mas o que o cliente precisa é o que impulsiona o design dos recursos, e não a composição atual do modelo.

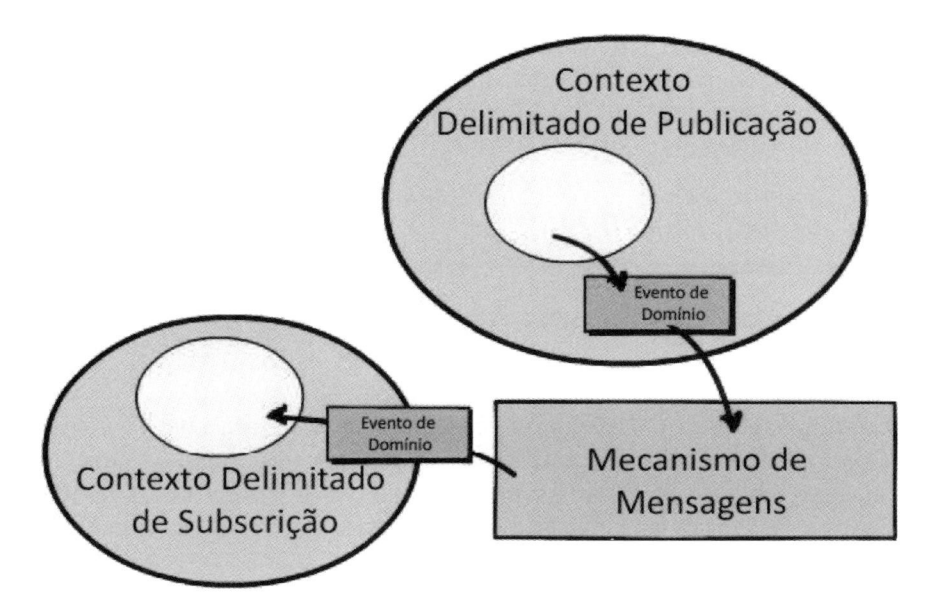

Mensagens

Ao usar mensagens assíncronas para integração, podemos conseguir muita coisa quando um *Contexto Delimitado* do cliente se inscreve nos *Eventos de Domínio* publicados pelo seu próprio *Contexto Delimitado* ou por outro. O uso de mensagens é uma das formas mais robustas de integração, pois removemos grande parte do acoplamento temporal associado a formas bloqueantes, como RPC e REST. Como a latência da troca de mensagens é antecipada, tendemos a construir sistemas mais robustos, pois nunca esperamos resultados imediatos.

Tornando o REST Assíncrono

É possível realizar a troca de mensagens assíncronas usando a obtenção de recursos de polling (pesquisa) de um conjunto de recursos que cresce sequencialmente. Usando o processamento em segundo plano, um cliente faria uma pesquisa contínua por um recurso de serviço de feed Atom que fornece um conjunto cada vez maior de *Eventos de Domínio*. Essa é uma abordagem segura para manter operações assíncronas entre um serviço e os clientes, fornecendo eventos atualizados que continuam a ocorrer no serviço. Se o serviço ficar indisponível por algum motivo, os clientes simplesmente tentarão novamente em intervalos normais ou aguardarão com repetição até que o recurso de feed volte a ficar disponível.

Essa abordagem é discutida em detalhes no livro *Implementando Domain-Driven Design* [IDDD].

Evite Desastres na Integração

Quando um *Contexto Delimitado* do cliente (C1) se integra a um *Contexto Delimitado* de serviço (S1), geralmente C1 não deve fazer uma solicitação síncrona e bloqueante para S1 como resultado direto do processamento de uma solicitação feita a ele. Ou seja, enquanto algum outro cliente (C0) estiver fazendo uma solicitação bloqueante para C1, não permita que C1 faça uma solicitação bloqueante para S1. Isso tem um potencial muito alto de causar um desastre na integração entre C0, C1 e S1 e pode ser evitado usando mensagens assíncronas.

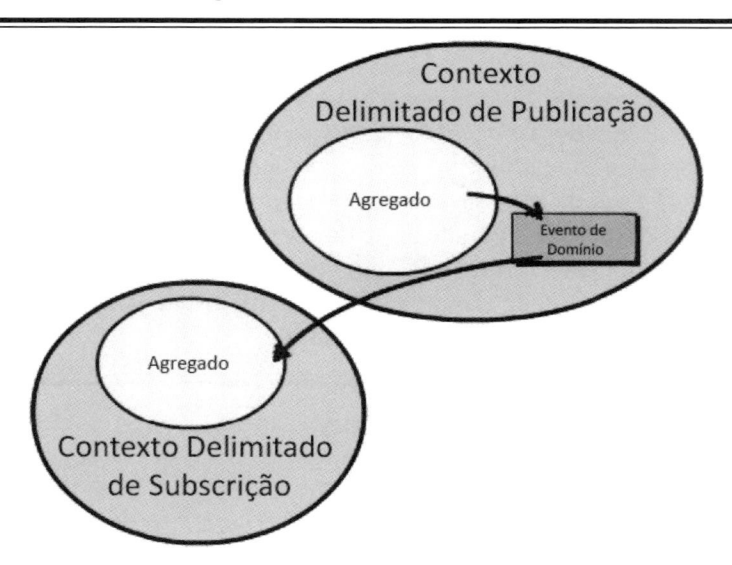

Normalmente, um *Agregado* em um *Contexto Delimitado* publica um *Evento de Domínio*, que pode ser consumido por qualquer número de partes interessadas. Quando um *Contexto Delimitado* inscrito recebe o *Evento de Domínio*, uma ação será realizada com base em seu tipo e valor. Normalmente, isso causará a criação de um novo *Agregado* ou a modificação de um *Agregado* existente no *Contexto Delimitado* consumidor.

Os Consumidores de Eventos de Domínio são Conformistas?

Talvez você esteja se perguntando como os *Eventos de Domínio* podem ser consumidos por outro *Contexto Delimitado* sem forçar esse *Contexto Delimitado* consumidor a ter um relacionamento *Conformista*. Conforme recomendado no livro *Implementando Domain-Driven Design* [IDDD], e especificamente no Capítulo 13, "Integrando Contextos Delimitados", os consumidores não devem usar os tipos de eventos (por exemplo, classes) de um publicador de eventos. Em vez disso, devem depender apenas do esquema dos eventos, ou seja, de sua *Linguagem Publicada*. Isso geralmente significa que, se os eventos forem publicados como JSON, ou talvez em um formato de objeto mais econômico, o consumidor deve consumir os eventos fazendo a análise deles para obter seus atributos de dados.

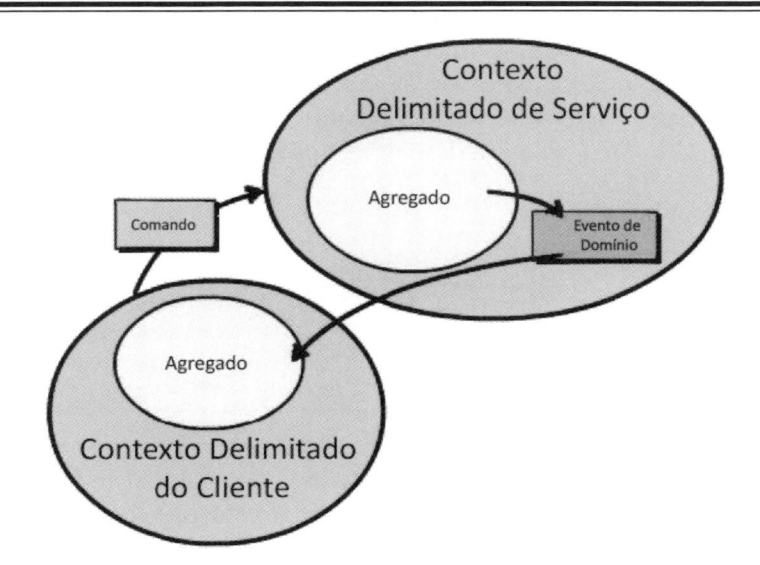

Claro, segundo o pressuposto anterior, um *Contexto Delimitado* de subscrição sempre pode se beneficiar de eventos não solicitados no *Contexto Delimitado* publicador. No entanto, às vezes, um *Contexto Delimitado* cliente precisará enviar proativamente uma *Mensagem de Comando* para um *Contexto Delimitado* de serviço para forçar uma ação. Nesses casos, o *Contexto Delimitado* cliente ainda receberá qualquer resultado como um *Evento de Domínio* publicado.

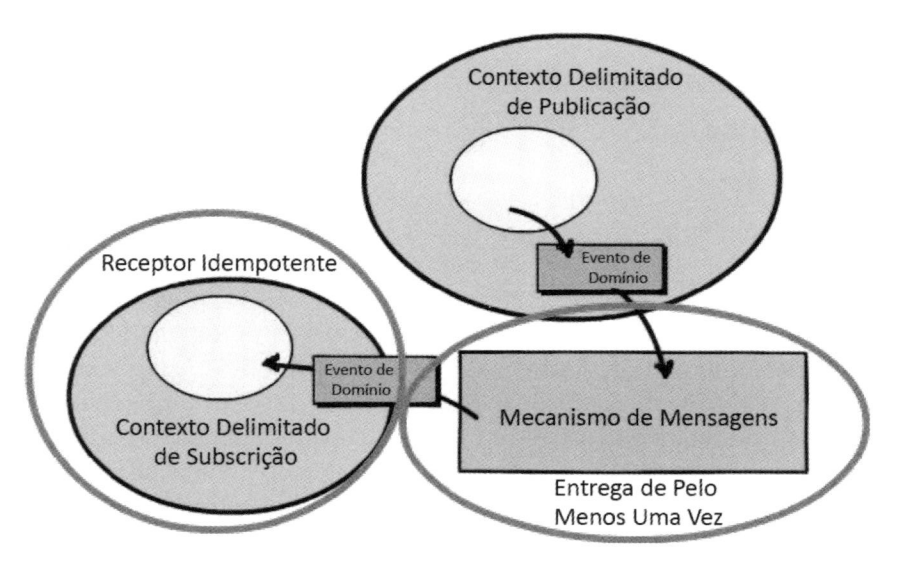

Em todos os casos de uso de mensagens para integração, a qualidade da solução geral dependerá muito da qualidade do mecanismo de mensagens escolhido. O mecanismo de mensagens deve suportar a *Entrega de Pelo Menos Uma Vez* [Reativa] para garantir que, eventualmente, todas as mensagens sejam recebidas. Isso também significa que o *Contexto Delimitado* de subscrição deve ser implementado como *Receptor Idempotente* [Reativo].

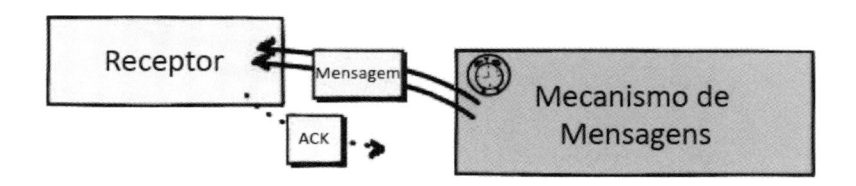

A *Entrega de Pelo Menos Uma Vez* [Reativa] é um padrão de mensagens em que o mecanismo de mensagens periodicamente reenvia determinada mensagem. Isso é feito em casos de perda de mensagem, receptores com reação lenta ou inativos e receptores que falham em reconhecer o recebimento. Devido a esse design do mecanismo de mensagens, é possível que a mensagem seja entregue mais de uma vez, mesmo que o remetente a envie apenas uma vez. No entanto, isso não precisa ser um problema quando o receptor é projetado para lidar com isso.

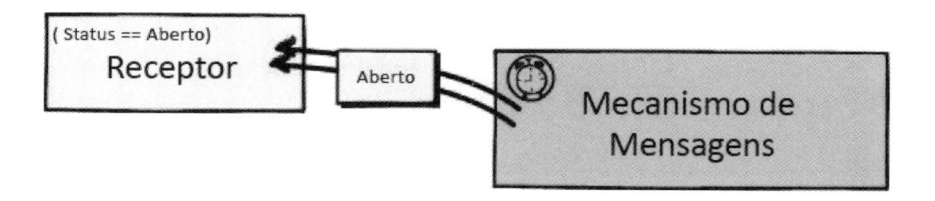

```
( Status == Aberto)
    Receptor      ← Aberto    🕐 Mecanismo de
                                  Mensagens
```

Sempre que uma mensagem puder ser entregue mais de uma vez, o receptor deve ser projetado para lidar corretamente com essa situação. O *Receptor Idempotente* [Reativo] descreve como o receptor de uma solicitação executa uma operação de tal maneira que produza o mesmo resultado mesmo se for executado várias vezes. Assim, se a mesma mensagem for recebida várias vezes, o receptor lidará com ela de maneira segura. Isso pode significar que o receptor usa deduplicação e ignora a mensagem repetida ou reaplica com segurança a operação com os mesmos resultados exatos que a entrega anterior causou.

Devido ao fato de que os mecanismos de mensagens sempre introduzem comunicações assíncronas de *Solicitação-Resposta* [Reativa], algum nível de latência é comum e esperado. As solicitações de serviço (quase) nunca devem bloquear até que o serviço seja concluído. Assim, projetar levando em consideração as mensagens significa que você sempre planejará levando em conta pelo menos alguma latência, o que tornará sua solução geral muito mais robusta desde o início.

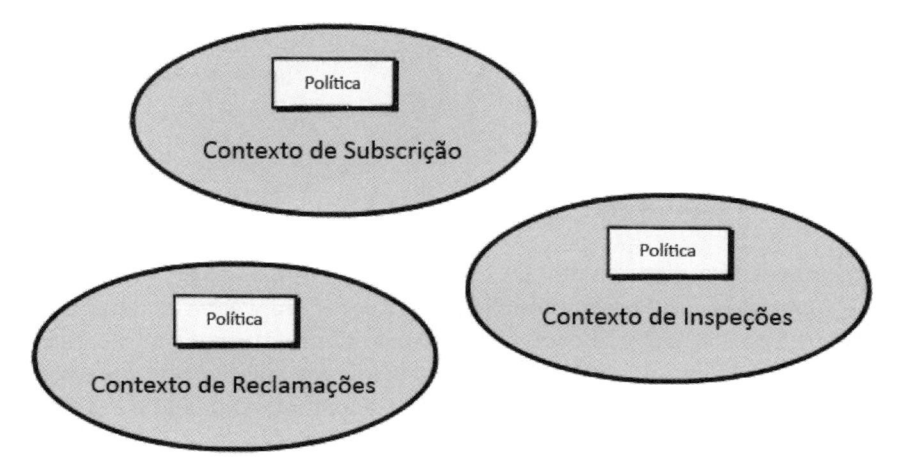

```
       ┌─ Política ─┐
    Contexto de Subscrição

                          ┌─ Política ─┐
                       Contexto de Inspeções
    ┌─ Política ─┐
 Contexto de Reclamações
```

Um Exemplo no Mapeamento de Contexto

Voltando a um exemplo discutido no Capítulo 2, "Design Estratégico com Contextos Delimitados e Linguagem Ubíqua", surge uma pergunta sobre a localização do tipo oficial de `Política`. Lembre-se de que existem três tipos de `Política` em três *Contextos Delimitados* diferentes. Então, onde "política de registro" está localizada na empresa de seguros? É possível que pertença à divisão de subscrição, já que se origina de lá. Para fins desse exemplo, digamos que ela pertença à divisão de subscrição. Então, como os outros *Contextos Delimitados* ficam sabendo de sua existência?

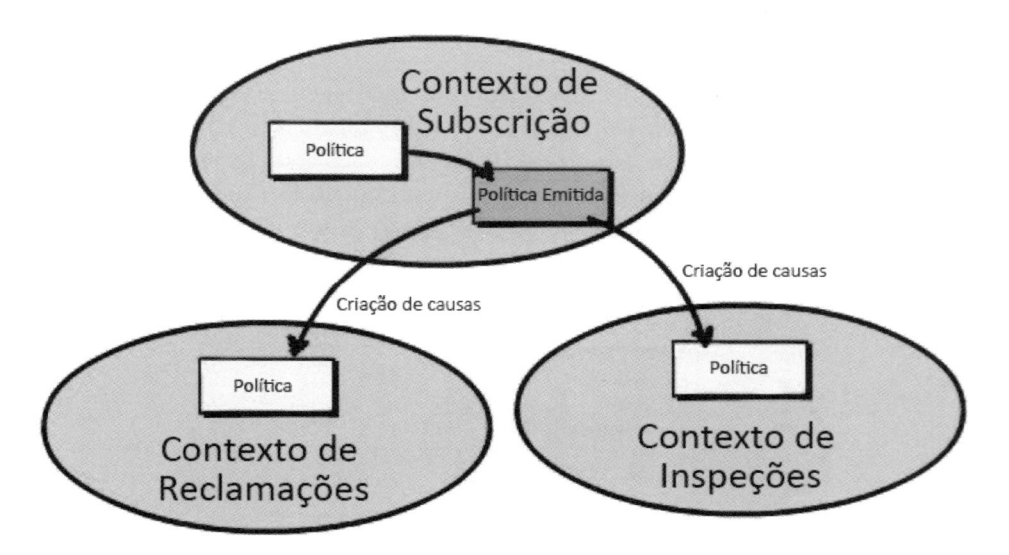

Quando um componente do tipo `Política` é emitido no *Contexto de Subscrição*, ele pode publicar um *Evento de Domínio* chamado `PolíticaEmitida`. Fornecido por meio de uma assinatura de mensagens, qualquer outro *Contexto Delimitado* pode reagir a esse *Evento de Domínio*, o que pode incluir a criação de um componente de `Política` correspondente no *Contexto Delimitado* assinante.

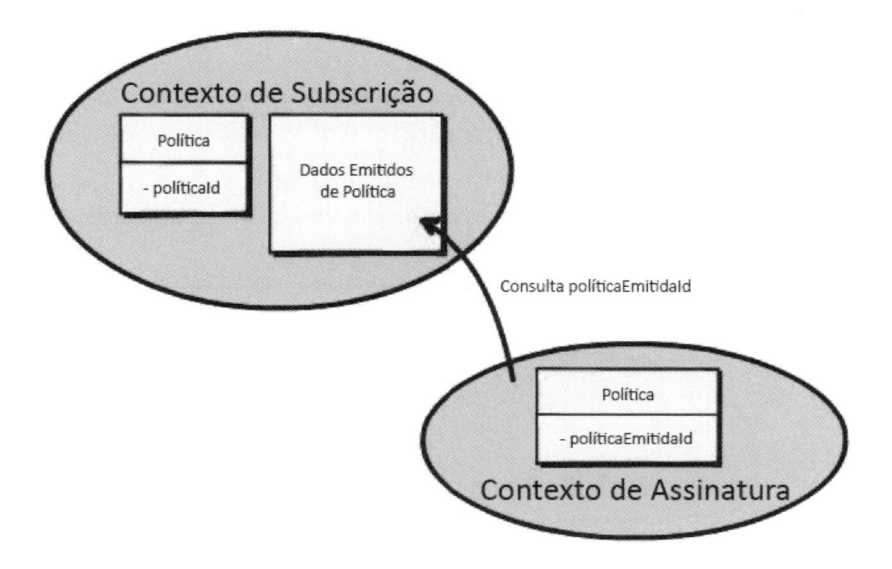

```
        Contexto de Subscrição
            Política
            - políticaId      Dados Emitidos
                              de Política

                         Consulta políticaEmitidaId

                              Política
                              - políticaEmitidaId
                         Contexto de Assinatura
```

O *Evento de Domínio* `PolíticaEmitida` conteria a identidade oficial de `Política`. Aqui ela é `políticaId`. Quaisquer componentes criados em um *Contexto Delimitado* de subscrição manteriam essa identidade para rastreabilidade de volta ao *Contexto de Subscrição* de origem. Nesse exemplo, a identidade é salva como `políticaEmiditaId`. Se houver a necessidade de mais dados de `Política` do que os fornecidos pelo *Evento de Domínio* `PolíticaEmitida`, o *Contexto Delimitado* de subscrição usa `políticaEmitidaId` para executar uma consulta no *Contexto de Subscrição*.

Enriquecimento versus Compensações de Consulta de Retorno

Às vezes, pode ser vantajoso enriquecer *Eventos de Domínio* com dados suficientes para atender às necessidades de todos os consumidores. Às vezes, pode ser vantajoso manter *Eventos de Domínio* enxutos e permitir a consulta de retorno quando os consumidores precisarem de mais dados. A primeira opção, o enriquecimento, permite maior autonomia dos consumidores dependentes. Se a autonomia for seu requisito principal, considere o enriquecimento.

Por outro lado, é difícil prever todos os dados de que os consumidores precisarão em *Eventos de Domínio*, e pode haver um enriquecimento excessivo se você fornecer tudo. Por exemplo, pode ser uma escolha de segurança ruim enriquecer significativamente os *Eventos de Domínio*. Se esse for o caso, projetar *Eventos de Domínio* enxutos e um modelo de consulta rico com segurança para os consumidores pode ser a escolha necessária.

Às vezes, as circunstâncias exigirão uma mescla equilibrada das duas abordagens.

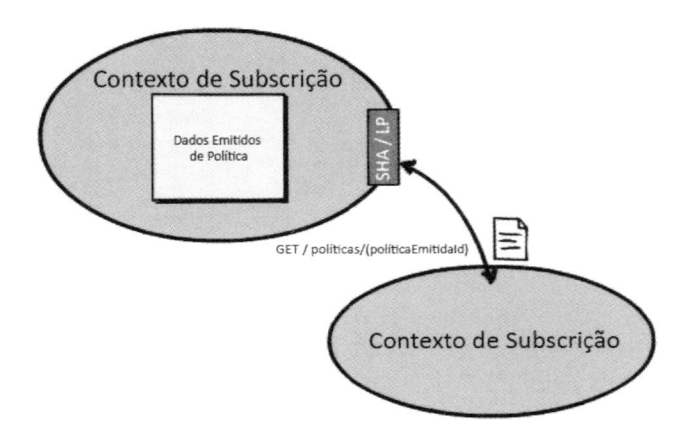

E como a consulta de retorno no *Contexto de Subscrição* funcionaria? Poderíamos projetar um *Serviço de Host Aberto* RESTful e uma *Linguagem Publicada* no *Contexto de Subscrição*. Um simples HTTP GET com `políticaEmitidaId` recuperaria os dados de `DadosEmitidosdePolítica`.

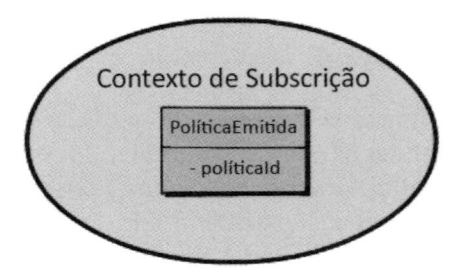

Talvez você esteja se perguntando sobre os detalhes dos dados do *Evento de Domínio* `PolíticaEmitida`. Fornecerei detalhes de projeto de *Evento de Domínio* no Capítulo 6, "Design Tático com Eventos de Domínio".

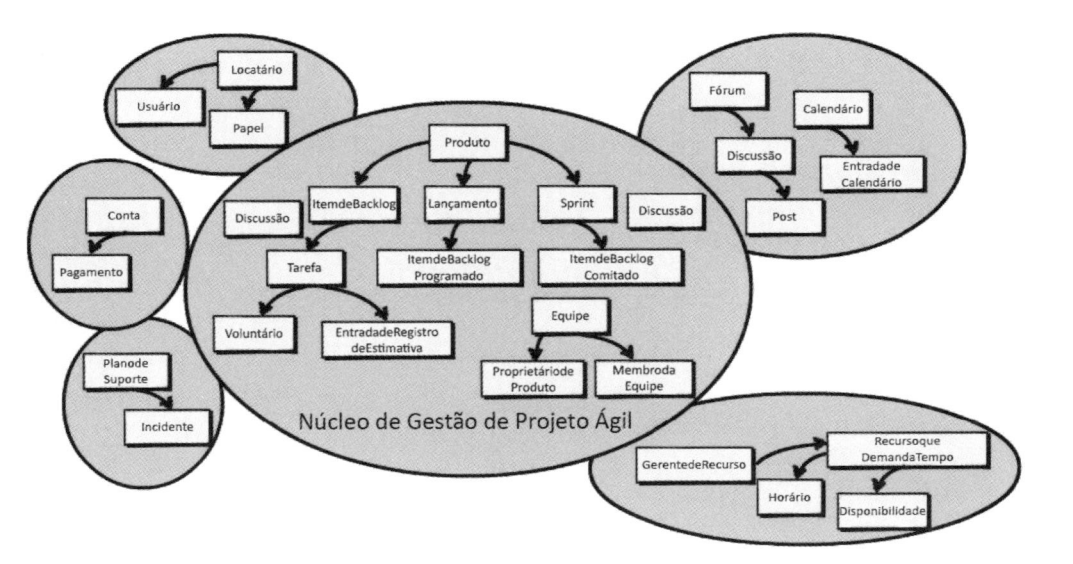

Quer saber o que aconteceu com o exemplo do *Contexto de Gestão de Projeto Ágil*? Afastar-se disso para entrar na área de negócios de seguros lhe permitiu examinar o DDD com vários exemplos. Isso deve ter lhe ajudado a entender o DDD ainda melhor. Não se preocupe, voltaremos ao *Contexto de Gestão de Projetos Ágil* no próximo capítulo.

Resumo

Em resumo, você aprendeu:

- Sobre os vários tipos de relacionamentos de *Mapeamento de Contexto*, como *Parceria*, *Cliente-Fornecedor* e *Camada Anticorrupção*
- Como usar a integração de *Mapeamento de Contexto* com RPC, HTTP RESTful e mensagens
- Como os *Eventos de Domínio* funcionam com mensagens
- Uma base na qual você poderá construir sua experiência em *Mapeamento de Contexto*

Para uma cobertura completa dos *Mapas de Contexto*, consulte o Capítulo 3 de *Implementando o Domain-Driven Design* [IDDD].

Capítulo 5

Design Tático com Agregados

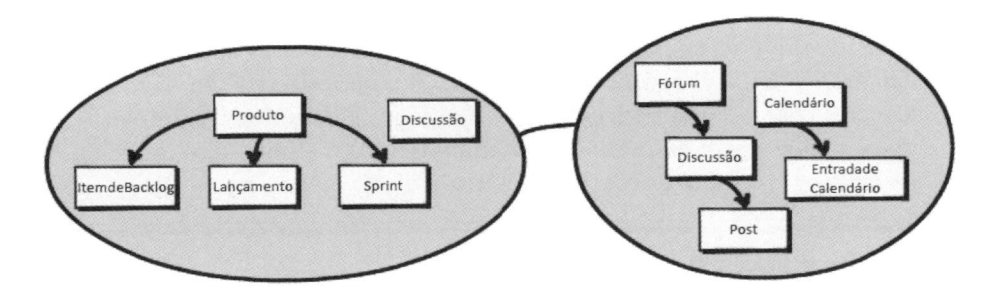

Até agora, falamos sobre o design estratégico com *Contextos Delimitados*, *Subdomínios* e *Mapas de Contexto*. Aqui veremos dois *Contextos Delimitados*: o *Domínio Central*, chamado de *Contexto de Gestão de Projeto Ágil*, e um *Subdomínio de Suporte*, que proporciona ferramentas de colaboração por meio da integração do *Mapeamento de Contexto*.

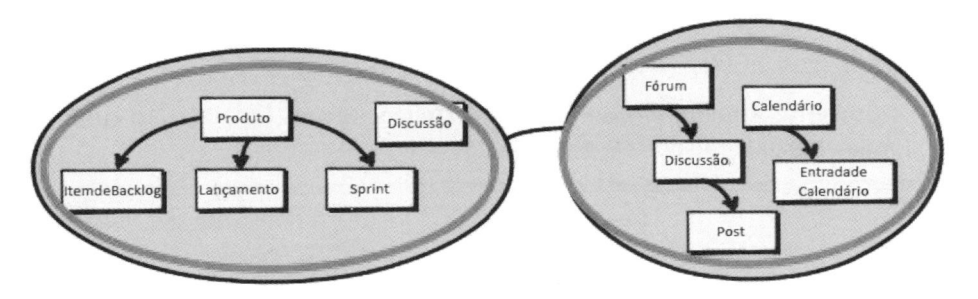

Mas e os conceitos que estão dentro do *Contexto Delimitado*? Falei um pouco sobre eles, mas entraremos em maiores detalhes. Provavelmente, eles são os *Agregados* do seu modelo.

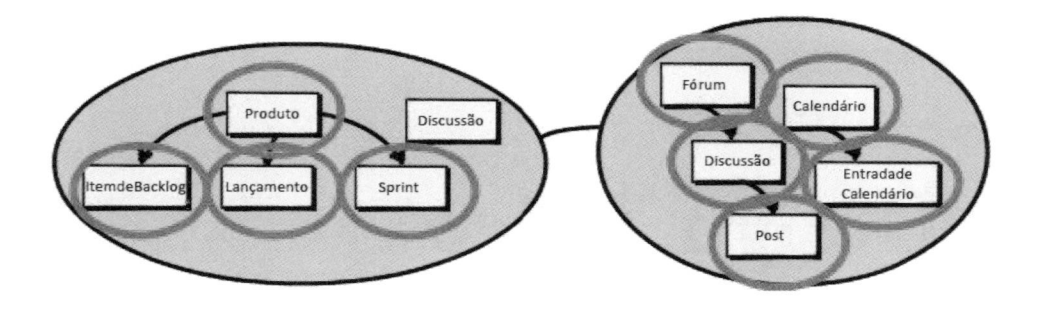

Por que É Usado

Cada um dos conceitos circulados que estão dentro desses dois *Contextos Delimitados* é um *Agregado*. O único conceito que não está circulado — Discussão — está modelado como *Objeto de Valor*. Ainda assim, focaremos os *Agregados* neste capítulo e analisaremos melhor como modelar Produto, ItemdeBacklog, Lançamento e Sprint.

O que É uma Entidade?

Uma *Entidade* modela uma coisa individual. Cada *Entidade* tem uma identidade única, de forma que é possível distinguir sua individualidade dentre todas as outras *Entidades*, seja do mesmo tipo ou de outro. Muitas vezes, talvez até na maioria das vezes, uma *Entidade* será mutável; isto é, seu estado mudará com o passar do tempo. Mesmo assim, uma *Entidade* não é necessariamente mutável e pode ser imutável. O principal ponto que distingue uma *Entidade* de outras ferramentas de modelagem é o fato de ser única — sua individualidade.

Consulte *Implementando Domain-Driven Design* [IDDD] para uma longa abordagem sobre *Entidades*.

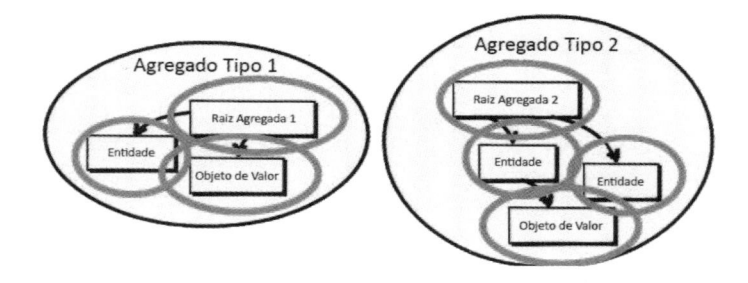

O que é *Agregado*? A figura apresenta dois deles. Cada *Agregado* é composto de uma ou mais *Entidades*, onde uma *Entidade* é chamada de *Raiz do Agregado*. Os *Agregados* também podem ter *Objetos de Valor* em sua composição. Como vemos aqui, os *Objetos de Valor* são utilizados dentro dos dois *Agregados*.

O que É um Objeto de Valor?

Um *Objeto de Valor*, ou simplesmente *Valor*, modela uma integral imutável conceitual. Dentro do modelo, o *Valor* é apenas isso, um valor. Diferentemente de uma *Entidade*, ele não tem uma identidade única, e a equivalência é determinada ao comparar os atributos encapsulados pelo tipo *Valor*. Além disso, o *Objeto de Valor* não é uma coisa, mas é frequentemente utilizado para descrever, quantificar ou mensurar uma *Entidade*.

Consulte *Implementando Domain-Driven Design* [IDDD] para uma analise mais detalhada dos *Objetos de Valor*.

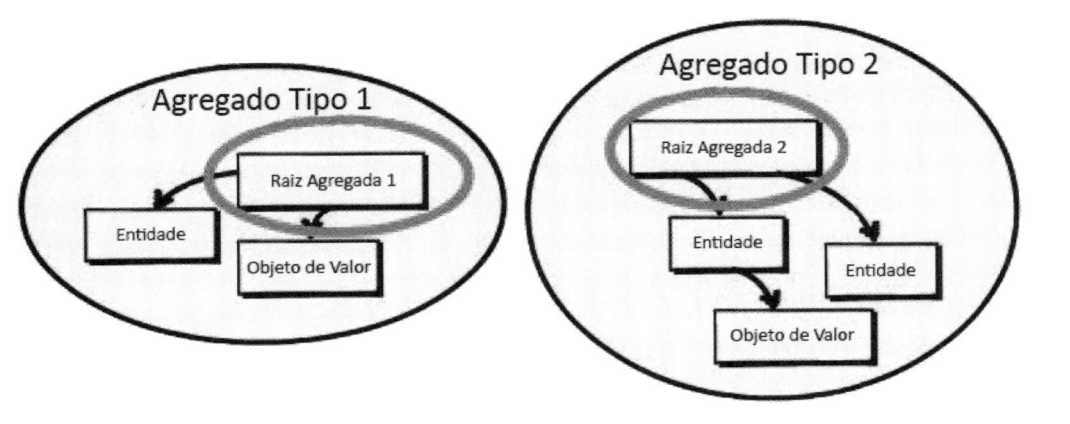

A *Entidade Raiz* de cada *Agregado* é dona de todos os outros elementos agrupados nele. O nome da *Entidade Raiz* é o nome conceitual do *Agregado*. Você deve escolher um nome que descreva a integral conceitual que o *Agregado* modela.

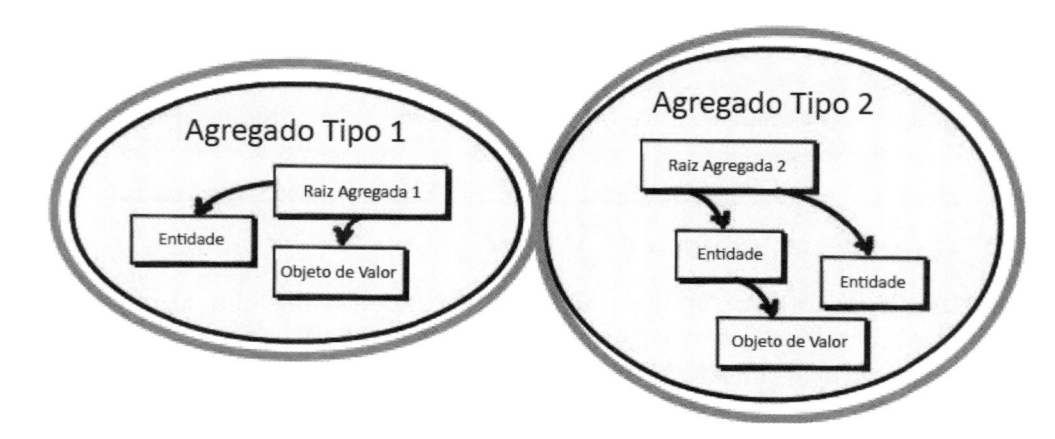

[Diagrama: Agregado Tipo 1 (Raiz Agregada 1, Entidade, Objeto de Valor) e Agregado Tipo 2 (Raiz Agregada 2, Entidade, Entidade, Objeto de Valor)]

Cada *Agregado* forma um limite de consistência transacional. Isso significa que dentro de um único *Agregado*, todas as partes compostas devem ser consistentes, de acordo com as regras de negócio, quando a transação de controle está comprometida com o banco de dados. Isso não necessariamente significa que não devamos compor outros elementos dentro do *Agregado* que não precisem ser consistentes após uma transação. Afinal de contas, um *Agregado* também modela uma integral conceitual. Mas sua preocupação principal deve ser a consistência transacional. Os limites externos traçados ao redor do `Agregado Tipo 1` e `Agregado Tipo 2` representam uma transação separada cuja responsabilidade será persistir automaticamente cada agrupamento de objeto.

Significado Mais Amplo de Transação

Até certo ponto, o uso de transações em sua aplicação é um detalhe de implementação. Por exemplo, um uso típico teria um Serviço de Aplicação [IDDD] controlando a base de dados atômica em favor do modelo de domínio. Sob uma arquitetura diferente, como o Modelo de Atores [Reativo], onde cada *Agregado* é implementado como ator, as transações podem ser gerenciadas usando *Fornecimento de Eventos* (veja no próximo capítulo) com uma base de dados que não suporte transações atômicas. De toda forma, o que quero dizer por "transação" é a forma como as modificações feitas em um *Agregado* são isoladas e como as invariantes do negócio — as regras às quais o software sempre deve aderir — são sempre consistentes seguindo cada operação de negócio. Seja essa exigência controlada por uma transação atômica do banco de dados ou por algum outro meio, o estado do *Agregado*, ou sua representação por meio do *Fornecimento de Eventos*, deve ser transicionado de forma segura e correta e sua manutenção deve ser feita constantemente.

Os motivos para o limite transacional são motivados pelo negócio, pois é ele que determina qual deve ser o estado válido de um agrupamento em determinado momento. Em outras palavras, se o *Agregado* não estiver armazenado em um estado integral e válido, a operação de negócios que foi realizada seria considerada incorreta, de acordo com as regras de negócio.

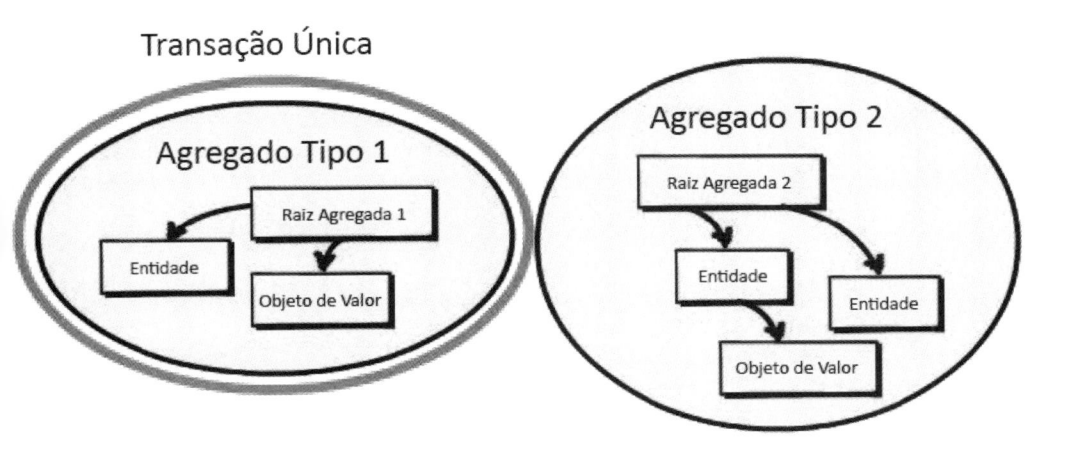

Transação Única

Agregado Tipo 1
Raiz Agregada 1
Entidade
Objeto de Valor

Agregado Tipo 2
Raiz Agregada 2
Entidade
Entidade
Objeto de Valor

Pensando nisso de forma diferente, considere o seguinte: embora dois *Agregados* estejam representados aqui, apenas um deles deve estar comprometido com uma única transação. Essa é uma regra geral do design de *Agregados*: modificar e comprometer apenas uma instância de *Agregados* em uma transação. É por isso que vemos apenas uma instância do `Agregado Tipo 1` dentro de uma transação. Veremos outras regras do design de *Agregados* em breve.

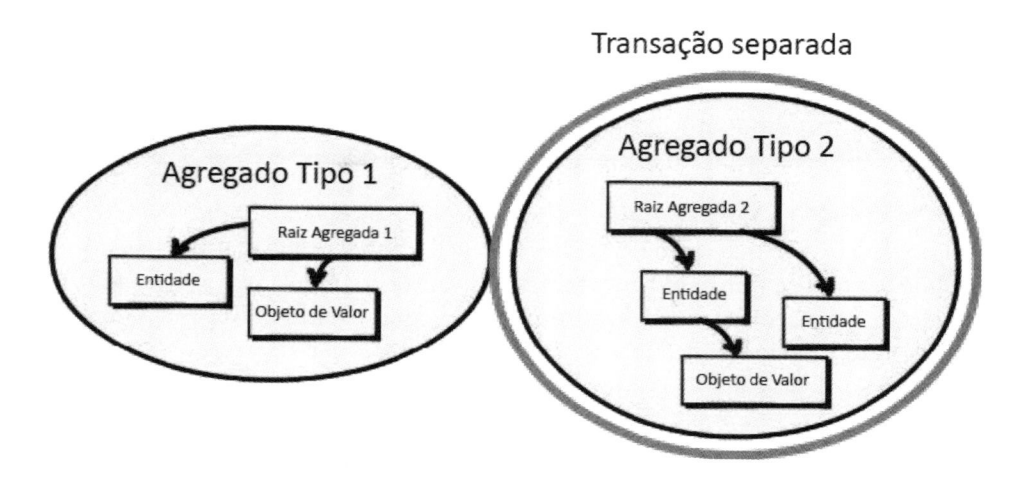

[Diagrama: Transação separada — Agregado Tipo 1 (Raiz Agregada 1, Entidade, Objeto de Valor) e Agregado Tipo 2 (Raiz Agregada 2, Entidade, Entidade, Objeto de Valor)]

Qualquer outro *Agregado* será modificado e comprometido em uma transação separada. É por isso que dizemos que *Agregado* é um limite transacional consistente. Então, você projeta suas composições de *Agregado* de forma que ela permita consistência e sucesso transacional. Como vimos aqui, uma instância do Agregado Tipo 2 é controlada sob uma transação separada da instância Agregado Tipo 1.

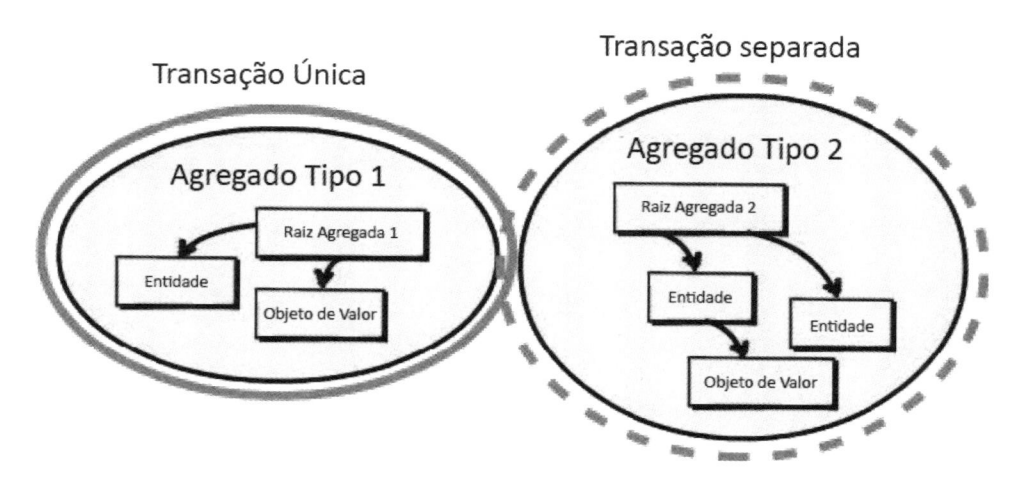

[Diagrama: Transação Única (Agregado Tipo 1) e Transação separada (Agregado Tipo 2)]

Já que as instâncias desses dois *Agregados* são projetadas para serem modificadas em transações separadas, como chegamos à instância do Agregado Tipo 2 atualizada baseada nas mudanças feitas à instância do Agregado Tipo 1, à qual o nosso modelo de domínio deve reagir?

É uma boa pergunta; vamos analisar a resposta a essa pergunta mais adiante neste capítulo.

A mensagem principal desta seção é que as regras de negócio são as responsáveis por determinar o que deve ser integral, completo e consistente ao final de uma única transação.

Regras de Ouro dos Agregados

Vamos ver agora as quatro regras básicas do design de *Agregados*:

1. Proteger invariantes de negócios dentro dos limites de *Agregado*.
2. Projetar *Agregados* pequenos.
3. Referenciar outros *Agregados* apenas pela identidade.
4. Atualizar outros *Agregados* utilizando consistência eventual.

Naturalmente, essas regras não são impostas por nenhuma "polícia do DDD". Sua intenção é serivrem de orientação, e quando aplicadas cuidadosamente, elas ajudam a projetar *Agregados* que funcionem de forma efetiva. Nesse caso, vamos nos aprofundar em cada uma das regras para ver como elas devem ser aplicadas sempre que possível.

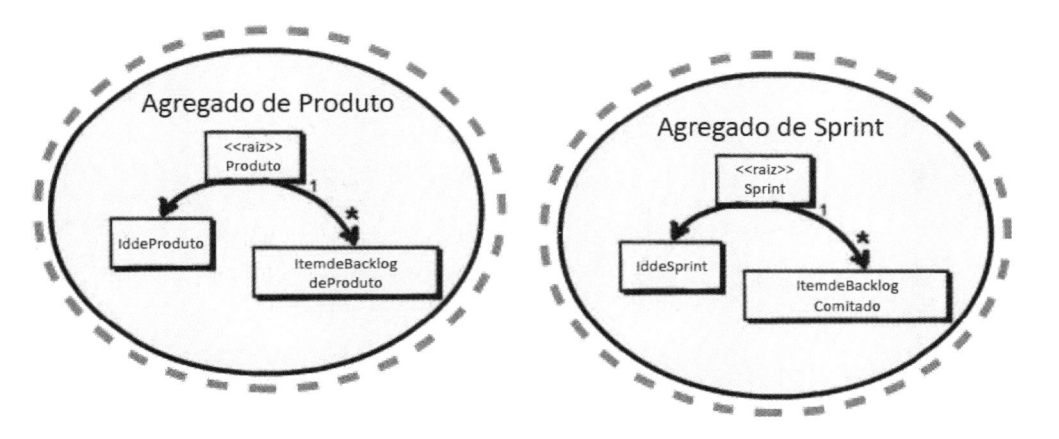

Regra nº 1: Proteger Invariantes de Negócios Dentro dos Limites de Agregado

A regra nº 1 diz que o negócio deve determinar as composições de *Agregado* baseado no que deve ser consistente quando a transação for comprometida. No exemplo anterior, o `Produto` é projetado de forma que, ao final de uma transação, todas as instâncias compostas do `ItemdeBacklogdeProduto` devem ser contabilizadas e consistentes com a raiz de `Produto`. Além disso, o `Sprint` é projetado de forma que, ao final de uma transação, todas as instâncias compostas de `ItemdeBacklogComitado` devem ser contabilizadas e consistentes com a raiz do `Sprint`.

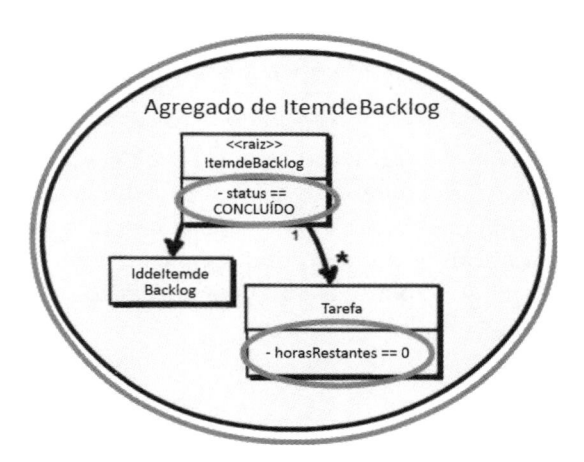

A regra nº 1 fica mais clara com outro exemplo. Aqui, temos um *Agregado* de `ItemdeBacklog`. Há uma regra de negócios que diz: "Quando todas as instâncias de `Tarefa` tiverem zero `horasRestantes`, o status do `ItemdeBacklog` deve mudar para `CONCLUÍDO`." Portanto, ao final de uma transação, essa invariante de negócio muito específica deve ser obedecida. É uma exigência do negócio.

Regra nº 2: Projete Agregados Pequenos

Essa regra destaca que o rastro de memória e escopo transacional de cada *Agregado* deve ser relativamente pequeno. No diagrama anterior, o *Agregado* representado não é pequeno. Aqui, o Produto literalmente contém uma coleção grande de instâncias do ItemdeBacklog e provavelmente centenas de instâncias de Lançamento e Sprint. Essa abordagem de design geralmente é uma escolha muito ruim.

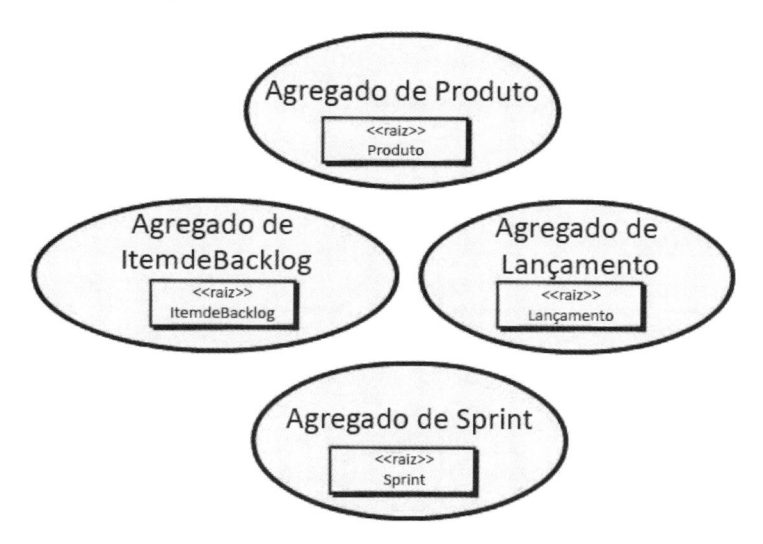

```
       ┌─────────────────────┐
       │ Agregado de Produto │
       │      <<raiz>>       │
       │      Produto        │
       └─────────────────────┘

┌──────────────────┐   ┌──────────────────┐
│   Agregado de    │   │   Agregado de    │
│   ItemdeBacklog  │   │    Lançamento    │
│    <<raiz>>      │   │    <<raiz>>      │
│   ItemdeBacklog  │   │    Lançamento    │
└──────────────────┘   └──────────────────┘

       ┌─────────────────────┐
       │ Agregado de Sprint  │
       │      <<raiz>>       │
       │       Sprint        │
       └─────────────────────┘
```

No entanto, se dividirmos o *Agregado* de Produto em quatro *Agregados* separados, teremos o seguinte: um pequeno *Agregado* de Produto, um pequeno *Agregado* de ItemdeBacklog, um pequeno *Agregado* de Lançamento e um pequeno *Agregado* de Sprint. Eles são carregados rapidamente, ocupam menos memória e são mais rápidos na coleta de lixo. Talvez o mais importante seja o fato de que esses *Agregados* terão sucesso transacional com muito mais frequência do que o *Agregado* de Produto do agrupamento grande anterior.

Seguir essa regra tem o benefício adicional de que cada *Agregado* será mais fácil de trabalhar, porque cada tarefa associada pode ser gerenciada por um único desenvolvedor. Isso também significa que o *Agregado* será mais fácil de usar.

Outra coisa que se deve ter em mente ao projetar *Agregados* é o *Princípio da Responsabilidade Única* (SRP). Se o seu *Agregado* estiver tentando fazer muitas coisas, ele não estará seguindo o SRP, e isso provavelmente se refletirá em seu tamanho. Pergunte-se, por exemplo, se o seu `Produto` é uma implementação muito focada de um produto Scrum ou se ele também está tentando ser outras coisas. Qual é a razão para mudar o `Produto`: torná-lo um produto Scrum melhor ou gerenciar itens de backlog, lançamentos e sprints? Devemos alterar o `Produto` apenas para que ele se torne um produto Scrum melhor.

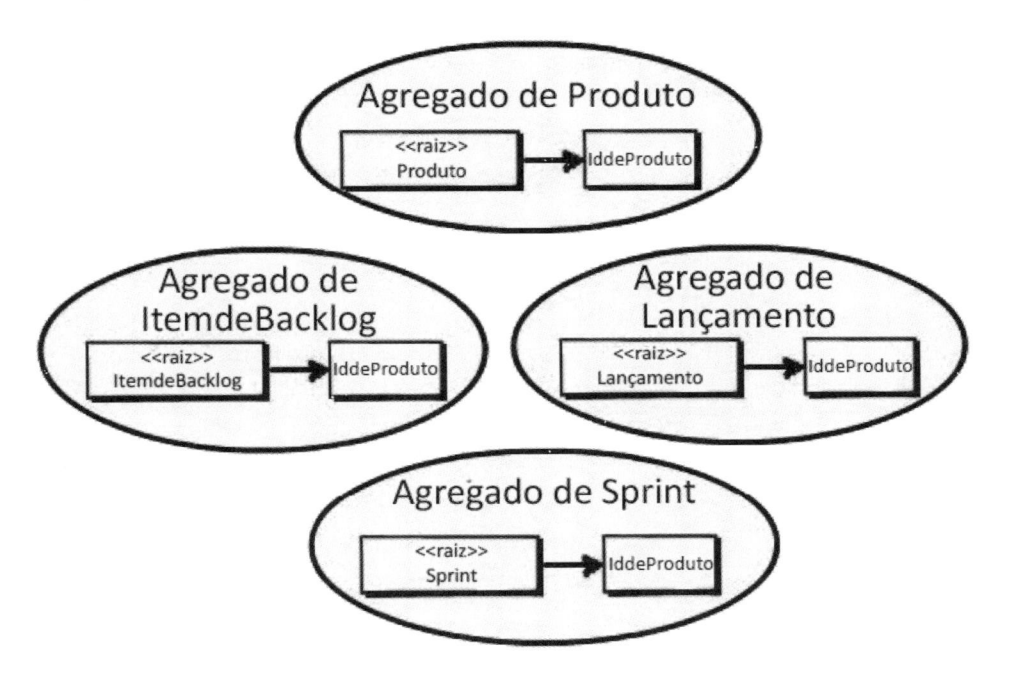

Regra nº 3: Referencie Outros Agregados Apenas por Identidade

Agora que dividimos o `Produto` do grande agrupamento em quatro *Agregados* menores, como cada um deve referenciar os outros quando necessário? Aqui seguimos a Regra 3, "Referencie outros Agregados apenas por identidade". Nesse exemplo, vemos que `ItemdeBacklog`, `Lançamento` e `Sprint` referenciam o `Produto` ao armazenar um `IddeProduto`. Isso ajuda a manter os *Agregados* pequenos e evita a modificação de vários *Agregados* na mesma transação.

Isso também ajuda a manter o design do *Agregado* pequeno e eficiente, resultando em requisitos de memória menores e carregamento mais rápido de uma fonte de persistência. Além disso, ajuda a aplicar a regra de não modificar outras instâncias de *Agregado* na mesma transação. Com apenas as identidades de outros *Agregados*, não há uma maneira fácil de obter uma referência direta a eles.

Outra vantagem de usar referência apenas por identidade é que seus *Agregados* podem ser facilmente armazenados em praticamente qualquer tipo de mecanismo de persistência, como banco de dados relacional, banco de dados de documentos, armazenamento chave-valor e grades/malhas de dados. Isso significa que você tem opções para usar uma tabela relacional MySQL, um armazenamento baseado em JSON como PostgreSQL ou MongoDB, GemFire/Geode, Coherence e GigaSpaces.

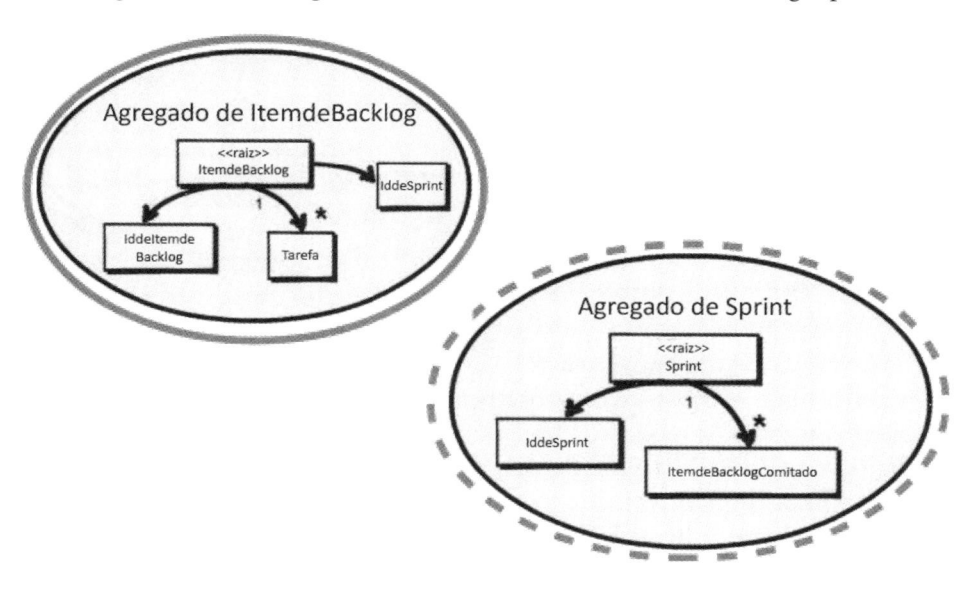

Regra nº 4: Atualize Outros Agregados Usando Consistência Eventual

Aqui, um `ItemdeBacklog` está comitado com um `Sprint`. Tanto o `ItemdeBacklog` quanto o `Sprint` devem reagir a isso. Primeiro, é o `ItemdeBacklog` que sabe que foi comitado com um `Sprint`. Isso é gerenciado em uma transação, quando o estado do `ItemdeBacklog` é modificado para conter o `IdSprint` do `Sprint` ao qual ele está comitado. Então, como garantir que o `Sprint` também seja atualizado com o `IddeItemdeBacklog` do `ItemdeBacklog` recém-comitado?

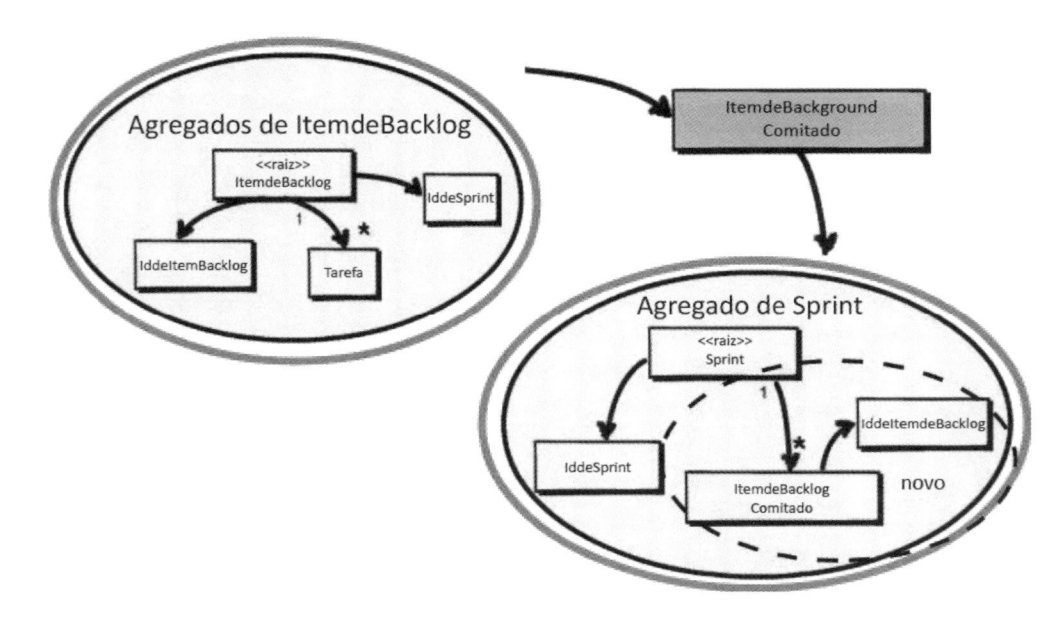

Diagrama: Agregados de ItemdeBacklog (com raiz ItemdeBacklog, IddeSprint, IddeItemBacklog, Tarefa) publicando o evento ItemdeBackgroundComitado, que atualiza o Agregado de Sprint (com raiz Sprint, IddeSprint, ItemdeBacklog Comitado novo, IddeItemdeBacklog).

Como parte da transação de `ItemdeBacklog` do *Agregado*, ele publica um *Evento de Domínio* chamado `ItemdeBacklogComitado`. A transação do `ItemdeBacklog` é concluída e seu estado é persistido juntamente com o *Evento de Domínio* `ItemdeBacklogComitado`. Quando o `ItemdeBacklogComitado` chega a um assinante local, uma transação é iniciada, e o estado do `Sprint` é modificado para conter o `IddeItemdeBacklog` do `ItemdeBacklog` comitado. O `Sprint` mantém o `IddeItemdeBacklog` dentro de uma nova *Entidade* `ItemdeBacklogComitado`.

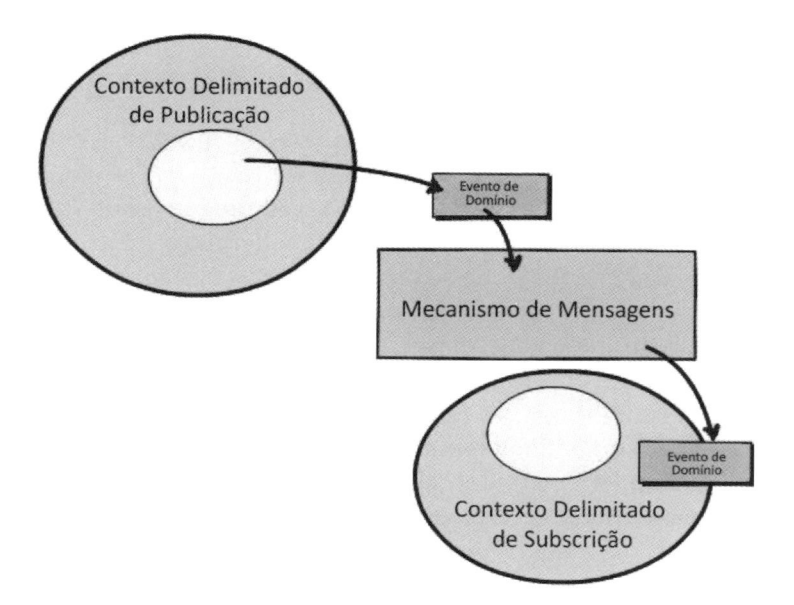

Lembre-se agora do que aprendemos no Capítulo 4, "Design Estratégico com Mapeamento de Contexto". *Eventos de Domínio* são publicados por um *Agregado* e assinados por um *Contexto Delimitado* interessado. O mecanismo de mensagens entrega os *Eventos de Domínio* às partes interessadas por meio de assinaturas. O *Contexto Delimitado* interessado pode ser o mesmo de onde o *Evento de Domínio* foi publicado ou podem ser diversos *Contextos Delimitados*.

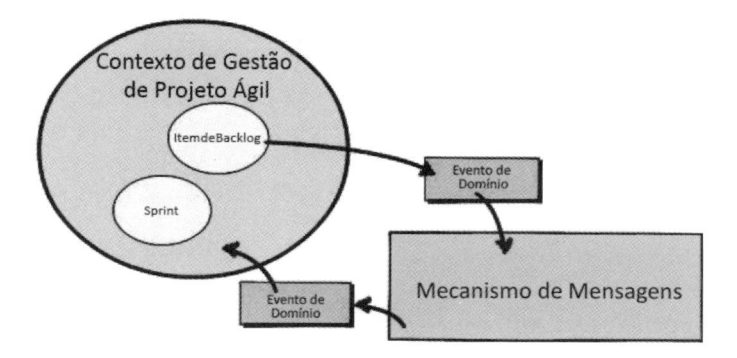

É apenas no caso do *Agregado* `ItemdeBacklog` e do *Agregado* `Sprint` que o publicador e o assinante estão no mesmo *Contexto Delimitado*. Realmente não é necessário usar um produto completo de middleware de mensagens nesse caso, mas isso é fácil de fazer, já que já o usamos para publicar em outros *Contextos Delimitados*.

Se a Consistência Eventual Parecer Assustadora

Não há nada incrivelmente difícil sobre o uso da consistência eventual. Porém, até adquirir alguma experiência, você talvez hesite em usá-la. Se for esse o caso, ainda deve particionar seu modelo em *Agregados* de acordo com as fronteiras transacionais definidas pelo negócio. No entanto, nada impede que se façam modificações em dois ou mais *Agregados* em uma única transação atômica de banco de dados. Você pode escolher usar essa abordagem nos casos em que sabe que haverá êxito, mas usar consistência eventual para todos os outros. Isso lhe permitirá se acostumar com as técnicas sem dar um passo inicial muito grande. Apenas entenda que essa não é a forma principal de uso dos *Agregados*, e poderá enfrentar falhas transacionais como resultado.

Modelagem de Agregados

Existem algumas armadilhas esperando para fisgá-lo ao trabalhar no seu modelo de domínio, implementando seus *Agregados*. Uma dessas armadilhas perigosas é o *Modelo de Domínio Anêmico* [IDDD]. Isso ocorre quando se usa um modelo de domínio orientado a objetos, e todos os seus Agregados têm apenas assessores públicos (getters e setters), mas sem comportamento de negócio real. Isso tende a acontecer quando há um foco técnico em vez de um foco empresarial durante a modelagem. Projetar um *Modelo de Domínio Anêmico* requer que você assuma todas as despesas de um modelo de domínio sem obter nenhum de seus benefícios. Não morda esse anzol!

Também tome cuidado para não vazar a lógica de negócio nos Serviços de Aplicação acima do seu modelo de domínio. Isso pode acontecer sem ser detectado, assim como a anemia física. Delegar a lógica de negócio dos serviços para classes auxiliares/utilitárias também não funcionará bem. Utilitários de serviço sempre apresentam uma crise de identidade e nunca conseguem harmonizar suas histórias. Coloque sua lógica de negócio em seu modelo de domínio ou sofra com bugs patrocinados por um *Modelo de Domínio Anêmico*.

E quanto à Programação Funcional?

Ao usar a programação funcional, as regras mudam consideravelmente. Embora um *Modelo de Domínio Anêmico* seja uma má ideia ao usar a programação orientada a objetos, ele é um pouco mais comum ao aplicar a programação funcional. Isso ocorre porque a programação funcional promove a separação de dados e comportamento. Seus dados são projetados como estruturas de dados imutáveis ou tipos de registro, e seu comportamento é implementado como funções puras que operam nos registros imutáveis de tipos específicos. Em vez de modificar os dados recebidos como argumentos, as funções retornam novos valores. Esses podem ser o novo estado de um *Agregado* ou um *Evento de Domínio*, que representa uma transição no estado de um *Agregado*.

Falei principalmente sobre a abordagem orientada a objetos neste capítulo porque ela ainda é a mais usada e compreendida. No entanto, se estiver usando uma linguagem e uma abordagem funcional para o DDD, esteja ciente de que algumas dessas orientações não são aplicáveis ou estão sujeitas a regras prevalecentes.

Agora vou lhe mostrar alguns dos componentes técnicos necessários para implementar um design básico de *Agregado*. Suponho que esteja usando Scala, C#, Java ou outra linguagem de programação orientada a objetos. Os exemplos a seguir estão em C#, mas são facilmente compreensíveis por programadores de Scala, F#, Java, Ruby, Python e outras linguagens de programação.

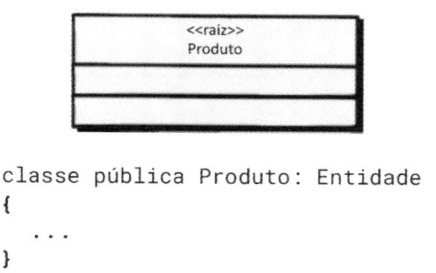

```
         <<raiz>>
         Produto
```

```
classe pública Produto: Entidade
{
    ...
}
```

A primeira coisa que se deve fazer é criar uma classe para a *Entidade Raiz do Agregado*. Segue uma representação UML (Linguagem de Modelagem Unificada) da *Entidade Raiz* do `Produto`. Inclui também a classe `Produto` em C#, que estende uma classe base chamada `Entidade`, que cuida das coisas padrão relacionadas à *Entidade*. Consulte o livro *Implementando Domain-Driven Design* [IDDD] para ver discussões exaustivas sobre o design e a implementação de *Entidades* e *Agregados*.

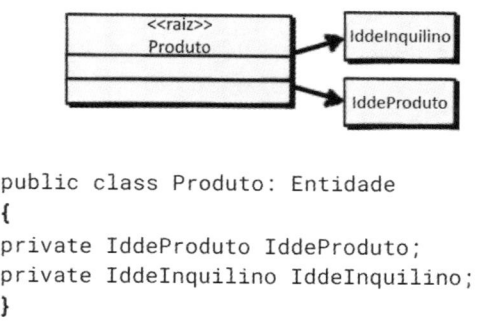

```
   <<raiz>>          IddeInquilino
   Produto
                     IddeProduto
```

```
public class Produto: Entidade
{
    private IddeProduto IddeProduto;
    private IddeInquilino IddeInquilino;
}
```

Toda *Entidade Raiz do Agregado* deve ter uma identidade globalmente única. Na verdade, um `Produto` no *Contexto de Gestão de Projeto Ágil* tem duas formas de identidade globalmente únicas. O `IddeInquilino` delimita a *Entidade Raiz* dentro de determinada organização assinante. (Cada organização que assina os serviços oferecidos é conhecida como inquilino e, portanto, tem uma identidade única para isso.) A segunda identidade, que também é globalmente única, é o `IddeProduto`, que diferencia o `Produto` de todos os outros dentro do mesmo inquilino. Também está incluso o código em C# que declara as duas identidades dentro do `Produto`.

Uso de Objetos de Valor

Aqui, tanto o `IddeInquilino` quanto o `IddeProduto` são modelados como *Objetos de Valor* imutáveis.

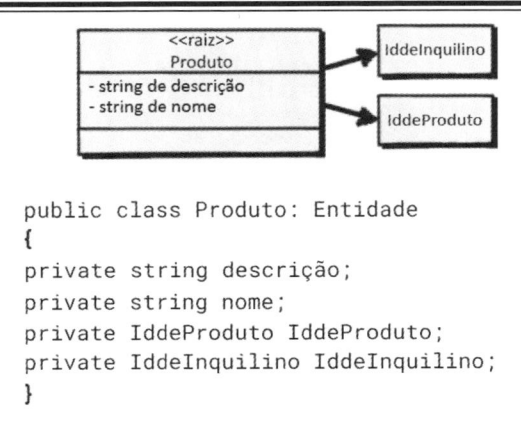

```
public class Produto: Entidade
{
private string descrição;
private string nome;
private IddeProduto IddeProduto;
private IddeInquilino IddeInquilino;
}
```

Em seguida, você captura quaisquer atributos ou campos intrínsecos necessários para localizar o *Agregado*. No caso do `Produto`, existem tanto a `descrição` quanto o `nome`. Os usuários podem pesquisar um ou ambos para encontrar cada `Produto`. Também forneci o código em C# que declara esses dois atributos intrínsecos.

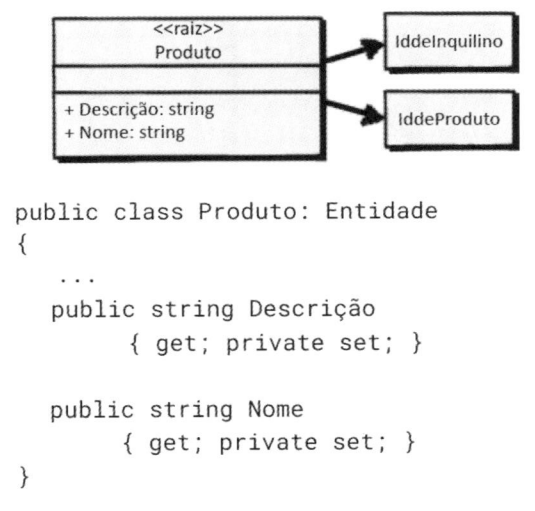

```
public class Produto: Entidade
{
  ...
    public string Descrição
        { get; private set; }

    public string Nome
        { get; private set; }
}
```

É claro que você pode adicionar comportamentos simples, como acessadores de leitura (getters) para atributos intrínsecos. Em C#, isso provavelmente seria feito usando acessadores de propriedade públicos. No entanto, talvez você não queira expor setters como públicos. Sem setters públicos, como os valores das propriedades/atributos mudam? Ao usar uma abordagem orientada a objetos (C#, Scala e Java), alteramos o estado interno usando métodos comportamentais. Se estiver usando uma abordagem funcional (F#, Scala e Clojure), as funções retornarão novos valores diferentes dos valores passados como argumentos.

```
public class Produto : Entidad
{
    ...
    public string Nome
        { get; private set; }
}
```

Devemos estar empenhados em combater o *Modelo de Domínio Anêmico* [IDDD]. Se você expuser métodos de configuração públicos, isso pode levar rapidamente à anemia, pois a lógica para definir valores no `Produto` seria implementada fora do modelo. Pense muito bem antes de fazer isso e mantenha esse aviso em mente.

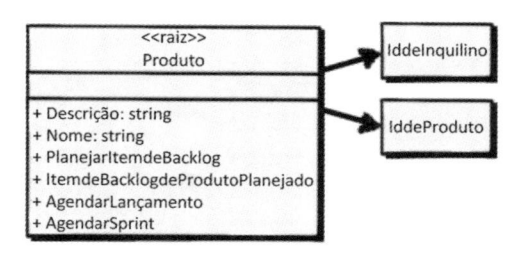

```
public class Product: Entidade
{
    ...
    public void ItemdeBacklogdeProdutoPlanejado(...)
    {
        ...
    }
}
```

Por fim, você adiciona os comportamentos complexos. Aqui, temos quatro novos métodos: `PlanejarItemdeBacklog()`, `ItemdeBacklogdeProdutoPlanejado()`, `AgendarLançamento()` e `AgendarSprint()`. O código em C# para cada um desses métodos deve ser adicionado à classe.

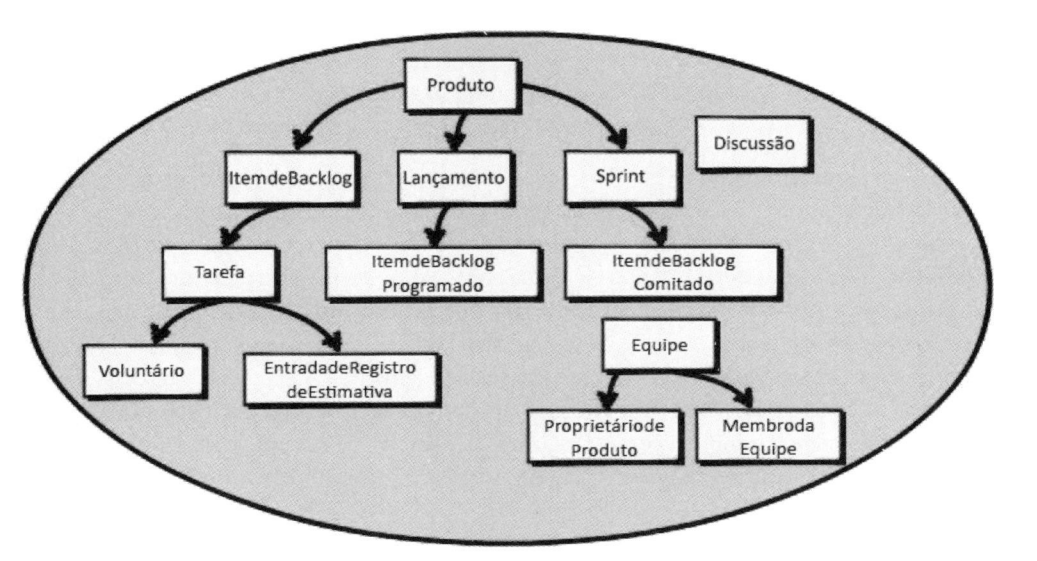

Lembre-se de que, ao usar o DDD, sempre estamos modelando uma *Linguagem Ubíqua* dentro de um *Contexto Delimitado*. Assim, todas as partes do *Agregado* de `Produto` são modeladas de acordo com a *Linguagem Ubíqua*. Essas partes compostas não são inventadas. Tudo mostra a harmonia entre os *Especialistas de Domínio* e os desenvolvedores de sua equipe unida.

Escolha Suas Abstrações com Cuidado

Um modelo de software eficaz sempre é baseado em um conjunto de abstrações que abordam a forma como o negócio realiza suas atividades. No entanto, é necessário escolher o nível apropriado de abstração para cada conceito sendo modelado.

Se você seguir a direção da sua *Linguagem Ubíqua*, geralmente criará as abstrações corretas. É muito mais fácil modelar as abstrações corretamente, pois são os *Especialistas de Domínio* que transmitem pelo menos a gênese da sua linguagem de modelagem. Ainda assim, às vezes, os desenvolvedores de software que estão muito empolgados em resolver os problemas errados tentarão forçar abstrações que são, bem, muito abstratas.

Por exemplo, no *Contexto de Gestão de Projeto Ágil*, lidamos com o Scrum. Faz sentido modelar os conceitos de `Produto`, `ItemdeBacklog`, `Lançamento` e `Sprint` que temos discutido. Mesmo assim, e se os desenvolvedores de software estivessem menos preocupados em modelar a *Linguagem Ubíqua* do Scrum e mais interessados em modelar uma solução para todos os conceitos atuais e futuros do Scrum?

Se esse ângulo fosse seguido, os desenvolvedores provavelmente criariam abstrações como `ElementoScrum` e `ElementoScrumContêiner`. Um `ElementoScrum` poderia representar conceitos mais explícitos, como `Lançamento` e `Sprint`. O `ElementoScrum` teria uma propriedade `tipoNome`, e seria definido como "`Produto`" ou "`ItemdeBacklog`" nos casos apropriados. Poderíamos projetar a mesma propriedade `tipoNome`, e seria definido como "`Produto`" ou "`ItemdeBacklog`" nos casos apropriados. Poderíamos projetar a mesma propriedade `tipoNome` para `ElementoScrumContêiner` e permitir que os valores "`Lançamento`" ou "`Sprint`" sejam atribuídos a ela.

Vê os problemas com essa abordagem? Existem vários, mas considere o seguinte:

- A linguagem do modelo de software não corresponde ao modelo mental dos *Especialistas de Domínio*.

- O nível de abstração é muito alto, e você terá grandes problemas quando começar a modelar os detalhes de cada um dos tipos individuais.

- Isso levará à criação de casos especiais em cada uma das classes e provavelmente resultará em uma hierarquia de classes complexa com abordagens gerais para problemas explícitos.

- Você terá muito mais código do que o necessário, porque estará tentando resolver um problema insolúvel que não deveria nem sequer importar.

- Muitas vezes, a linguagem das abstrações erradas também aparecerá na interface do usuário, o que causará confusão para os usuários.

- Você desperdiçará tempo e dinheiro consideráveis.

- Nunca seremos capazes de antecipar todas as necessidades futuras de uma só vez, o que significa que, se novos conceitos do Scrum forem adicionados no futuro, seu modelo existente se mostrará falho ao prever essas necessidades.

Seguir esse caminho pode parecer estranho para algumas pessoas, mas esse nível incorreto de abstrações é frequentemente usado em implementações inspiradas tecnicamente.

Não caia nessa armadilha de implementação altamente abstrata e sedutora. Modele explicitamente a *Linguagem Ubíqua* de acordo com o modelo mental dos *Especialistas de Domínio*, refinado pela sua equipe. Ao modelar o que o negócio precisa hoje, economizará uma quantidade considerável de tempo, orçamento, código e constrangimento. Além disso, prestará um grande serviço ao negócio ao modelar um *Contexto Delimitado* preciso e útil que reflete um design eficaz.

Dimensionando Corretamente os Agregados

Você pode estar se perguntando como determinar os limites dos *Agregados* e evitar o design de grandes agrupamentos, ao mesmo tempo em que mantém limites de consistência que protegerão invariantes comerciais verdadeiras. Forneci aqui uma abordagem de design valiosa. Se você já criou *Agregados* de grande porte, pode usar essa abordagem para refatorá-los em *Agregados* menores, mas não começarei a partir dessa perspectiva.

Considere estas etapas de design que o ajudarão a atingir os objetivos de limites de consistência:

1. Concentre-se na segunda regra de design de *Agregados*, "Projete *Agregados* pequenos". Comece criando cada *Agregado* com apenas uma *Entidade*, que servirá como *Raiz do Agregado*. Nem se atreva a colocar duas *Entidades* em um único limite. Essa oportunidade surgirá em breve. Preencha cada uma das *Entidades* com os campos/atributos/propriedades que você acredita estarem mais relacionados à única *Entidade Raiz*. Uma grande dica aqui é definir cada campo/atributo/propriedade necessário para identificar e localizar o *Agregado*, bem como quaisquer campos/atributos/propriedades intrínsecos adicionais necessários para construir e deixar o *Agregado* em um estado inicial válido.

2. Agora, concentre-se na primeira regra de design de *Agregados*, "Proteja invariantes comerciais dentro dos limites do *Agregado*". Você já estabeleceu, com a etapa anterior, que, no mínimo, todos os campos/atributos intrínsecos devem estar atualizados quando o *Agregado de Entidade Única* for persistido. Mas agora é necessário analisar seus *Agregados* um de cada vez. Ao fazer isso para o *Agregado* A1, pergunte aos *Especialistas de Domínio* se quaisquer outros *Agregados* que você definiu devem ser atualizados em resposta às alterações feitas no *Agregado* A1. Faça uma lista de cada um dos *Agregados* e suas regras de consistência, que indicarão os prazos para todas as atualizações baseadas em resposta. Em outras palavras, o *"Agregado* A1" seria o cabeçalho de uma lista, e outros tipos de *Agregados* seriam listados sob A1 se fossem atualizados como resposta às atualizações de A1.

3. Agora, pergunte aos *Especialistas de Domínio* quanto tempo pode se passar até que cada uma das atualizações baseadas em resposta possa ocorrer. Isso levará a duas especificações: (a) imediatamente e (b) dentro de *N* segundos/minutos/horas/dias. Uma maneira possível de encontrar o limite de negócios correto é apresentar um período de tempo exagerado (como semanas ou meses) que seja claramente inaceitável. Isso provavelmente fará com que os especialistas de negócios respondam com um período de tempo aceitável.

4. Para cada um dos prazos imediatos (3a), você deve considerar seriamente a composição dessas duas *Entidades* dentro do mesmo limite de *Agregado*. Isso significa, por exemplo, que o Agregado A1 e o Agregado A2 serão realmente compostos em um novo *Agregado* A[1,2]. Agora, os *Agregados* A1 e A2, como foram definidos, não existirão mais. Haverá apenas o *Agregado* A[1,2].

5. Para cada um dos *Agregados* reagentes que podem ser atualizados após determinado período de tempo (3b), você os atualizará usando a quarta regra de design de *Agregados*, "Atualize outros *Agregados* usando a consistência eventual".

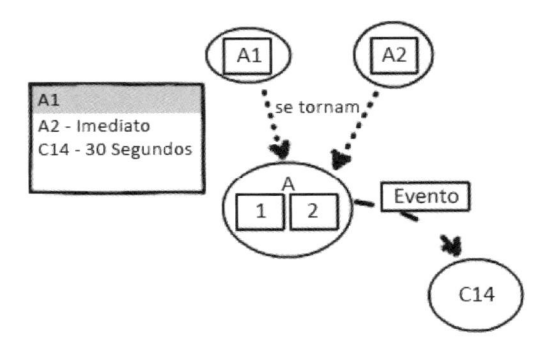

Nessa figura, nosso foco está na modelagem do *Agregado* A1. Observe na lista de regras de consistência de A1 que A2 tem um prazo imediato, ao passo que C14 tem um prazo eventual (30 segundos). Como resultado, A1 e A2 são modelados em um único *Agregado* A[1,2]. Durante a execução, o *Agregado* A[1,2] publica um *Evento de Domínio* que faz com que o *Agregado* C14 seja eventualmente atualizado.

Cuidado para que a empresa não insista que cada *Agregado* esteja dentro da especificação 3a (consciência imediata). Essa tendência pode ser especialmente forte quando muitas pessoas na sessão de design são influenciadas pelo design do banco de dados e pela modelagem de dados. Essas partes interessadas terão uma visão muito centrada em transações. No entanto, é muito improvável que a empresa realmente precise de consistência imediata em todos os casos. Para mudar esse pensamento, você provavelmente terá que gastar tempo provando como as transações falharão devido a atualizações simultâneas por vários usuários em diversas partes compostas dos *Agregados* (agora) grandes. Além disso, você pode destacar o quanto de sobrecarga de memória há com esses designs grandes. Obviamente, esses são os tipos de problemas que estamos tentando evitar desde o início.

Esse exercício indica que a consistência eventual é orientada a negócios, não por técnica. Claro, você terá que encontrar uma maneira técnica de causar atualizações eventuais entre vários *Agregados*, conforme discutido no capítulo anterior sobre *Mapeamento de Contexto*. Mesmo assim, apenas a empresa poderá determinar o prazo aceitável para as atualizações ocorrerem entre várias *Entidades*. Algumas são imediatas ou transacionais, o que significa que podem ser gerenciadas por meio de *Eventos de Domínio* e mensagens, por exemplo. Considerar o que a empresa teria que fazer se executasse suas operações apenas por meio de sistemas em papel pode fornecer valiosos insights sobre como várias operações orientadas por domínio devem funcionar dentro de um modelo de software das operações comerciais.

Unidades Testáveis

Você também deve projetar seus *Agregados* para serem uma encapsulação sólida para testes de unidade. *Agregados* complexos são difíceis de testar. Seguir as orientações de design anteriores lhe ajudará a modelar *Agregados* testáveis.

Os testes de unidade são diferentes da validação das especificações de negócio (testes de aceitação), conforme discutido no Capítulo 2, "Design Estratégico com Contextos Delimitados e Linguagem Ubíqua", e no Capítulo 7, "Ferramentas de Aceleração e Gestão". O desenvolvimento dos testes de unidade seguirá a criação dos testes de aceitação das especificações de cenário. A nossa preocupação aqui é testar se o *Agregado* faz corretamente o que deveria fazer. Desejamos testar todas as operações para garantir a exatidão, qualidade e estabilidade de seus *Agregados*. Podemos usar um framework de testes de unidade para isso, e há muita literatura disponível sobre como testar unidades de forma eficaz. Esses testes de unidade estarão diretamente associados ao seu *Contexto Delimitado* e serão mantidos em seu repositório de código-fonte.

Resumo

Neste capítulo, você aprendeu:

- O que é o padrão *Agregado* e porque devemos usá-lo
- A importância de projetar com um limite de consistência em mente
- Sobre as várias partes de um *Agregado*
- As quatro regras de ouro do design eficaz de *Agregado*
- Como modelar a identidade única de um *Agregado*
- A importância dos atributos de *Agregado*, e como evitar a criação de um *Modelo de Domínio Anêmico*
- Como modelar o comportamento em um *Agregado*
- A sempre aderir à *Linguagem Ubíqua* dentro de um *Contexto Delimitado*
- A importância de selecionar o nível correto de abstração para seus projetos
- Uma técnica para dimensionar corretamente as composições de *Agregado*, e como isso inclui projetar para testabilidade

Para uma discussão profunda sobre *Entidades*, *Objetos de Valor* e *Agregados*, veja os Capítulos 5, 6 e 10 do livro *Implementando Domain-Driven Design* [IDDD].

Capítulo 6
Design Tático com Eventos de Domínio

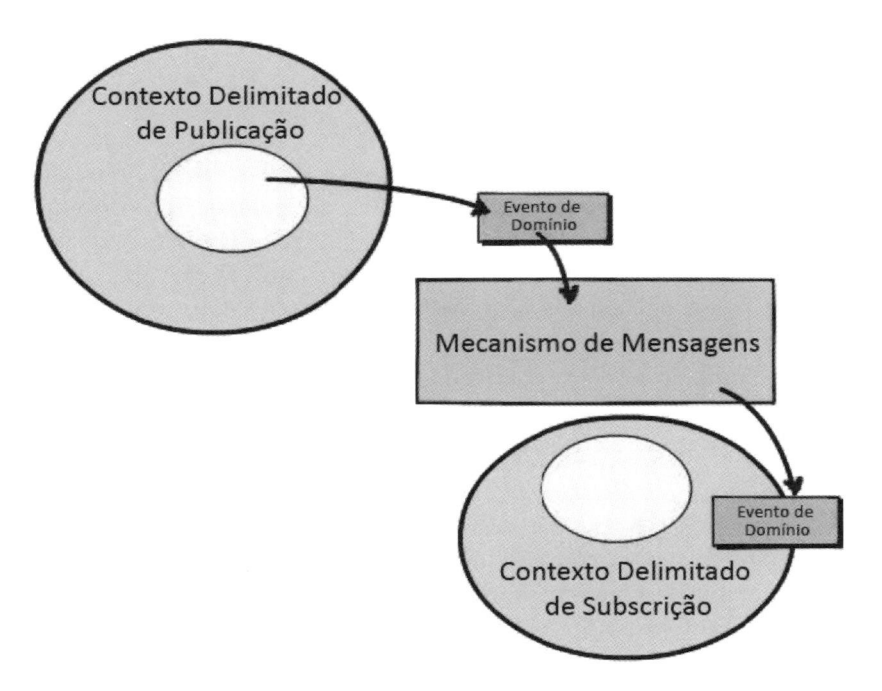

Já vimos, nos capítulos anteriores, um pouco sobre como os *Eventos de Domínio* são usados. Um *Evento de Domínio* é um registro de alguma ocorrência significativa para o negócio em um *Contexto Delimitado*. Agora você sabe que os *Eventos de Domínio* são uma ferramenta muito importante para o design estratégico. No entanto, em geral durante o design tático, os *Eventos de Domínio* são conceitualizados e se tornam parte do seu *Domínio Central*.

Para entender todo o poder resultante do uso de *Eventos de Domínio*, considere o conceito de consistência causal. Um domínio de negócios fornece consistência causal se suas operações causalmente relacionadas — uma operação causa a outra — são vistas por todos os nódulos dependentes de um sistema distribuído na mesma ordem [Causal]. Isso significa que operações causalmente relacionadas devem ocorrer em uma ordem específica, e assim uma coisa não pode acontecer a menos que outra coisa aconteça antes. Isso também significa que um *Agregado* não pode ser criado ou modificado até que fique claro que uma operação específica tenha ocorrido em outro *Agregado*:

1. Sue posta uma mensagem dizendo: "Perdi minha carteira!"
2. Gary responde: "Isso é terrível!"
3. Sue posta uma mensagem dizendo: "Não se preocupe. Encontrei minha carteira!"
4. Gary responde: "Isso é ótimo!"

Se essas mensagens fossem replicadas em nódulos distribuídos, mas não em ordem causal, poderia parecer que Gary respondeu "Isso é ótimo!" à mensagem "Perdi minha carteira!". A mensagem "Isso é ótimo!" não está direta ou causalmente relacionada a "Perdi minha carteira!", e isso definitivamente não é o que Gary quer que Sue ou qualquer outra pessoa leia. Assim, se a causalidade não for alcançada de maneira adequada, o domínio como um todo estará errado ou será pelo menos enganoso. Esse tipo de arquitetura de sistema causal e linearizada pode ser facilmente alcançada por meio da criação e publicação de *Eventos de Domínio* corretamente ordenados.

A partir dos esforços de design tático, os *Eventos de Domínio* se tornam uma realidade em seu modelo de domínio e podem, como resultado, ser publicados e consumidos em seu próprio *Contexto Delimitado* e por outros. É uma maneira muito poderosa de informar ouvintes interessados sobre ocorrências importantes que aconteceram. Agora, você aprenderá como modelar *Eventos de Domínio* e usá-los em seus *Contextos Delimitados*.

Projetando, Implementando e Usando Eventos de Domínio

A seguir, vou orientá-lo sobre os passos necessários para projetar e implementar efetivamente os *Eventos de Domínio* em seu *Contexto Delimitado*. Depois, veremos também exemplos de como os *Eventos de Domínio* são usados.

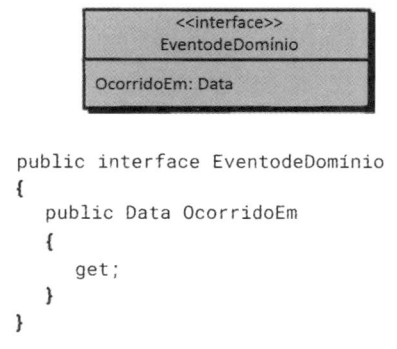

```
public interface EventodeDomínio
{
    public Data OcorridoEm
    {
        get;
    }
}
```

Esse código em C# pode ser considerado a interface mínima que todo *Evento de Domínio* deve suportar. Geralmente, queremos transmitir a data e a hora que nosso *Evento de Domínio* ocorreu, e isso é fornecido pela propriedade `OcorridoEm`. Esse detalhe não é uma necessidade absoluta, mas geralmente é útil. Portanto, os tipos de *Eventos de Domínio* provavelmente implementariam essa interface.

É preciso ter cuidado ao nomear os tipos de *Eventos de Domínio*. As palavras que você usa devem refletir a *Linguagem Ubíqua* do seu modelo. Essas palavras formarão uma ponte entre os acontecimentos no seu modelo e o mundo externo. É vital que os acontecimentos sejam bem comunicados.

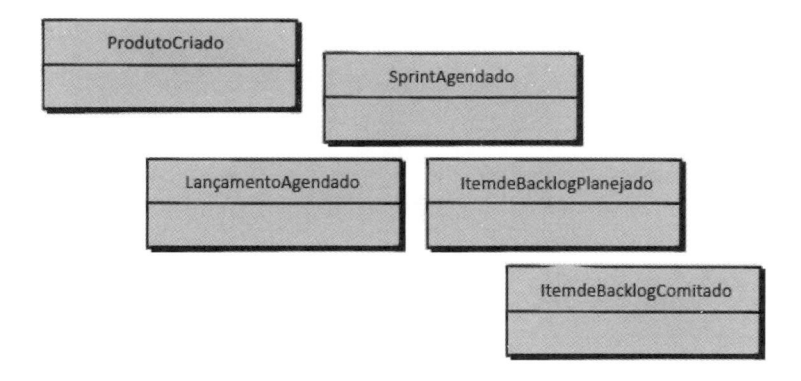

Os nomes dos tipos de *Eventos de Domínio* devem ser a declaração de uma ocorrência passada, ou seja, um verbo no tempo passado. Seguem alguns exemplos do *Contexto de Gestão de Projeto Ágil*: `ProdutoCriado`, por exemplo, declara que um produto Scrum foi criado em algum momento no passado. Outros *Eventos de Domínio* são `LançamentoAgendado`, `SprintAgendado`, `ItemdeBacklogPlanejado` e `ItemdeBacklogComitado`. Cada um dos nomes declara de forma concisa e clara o que aconteceu no seu *Domínio Central*.

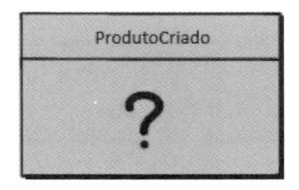

```
┌─────────────────┐
│  ProdutoCriado  │
├─────────────────┤
│                 │
│        ?        │
│                 │
└─────────────────┘
```

É a combinação do nome do *Evento de Domínio* e suas propriedades que transmite completamente o registro do que aconteceu no modelo de domínio. Mas quais propriedades um *Evento de Domínio* deve conter?

```
┌──────────────┐          ┌─────────────────┐
│              │          │  ProdutoCriado  │
│ CriarProduto │─────────▶├─────────────────┤
│              │          │                 │
└──────────────┘          │        ?        │
                          └─────────────────┘
```

Pergunte-se: "Qual é o estímulo do aplicativo que faz com que o *Evento de Domínio* seja publicado?" No caso do `ProdutoCriado`, existe um comando que o causa (um comando é apenas a forma do objeto de uma solicitação de método/ação). O comando é chamado de `CriarProduto`. Portanto, podemos dizer que `ProdutoCriado` é o resultado de um comando `CriarProduto`.

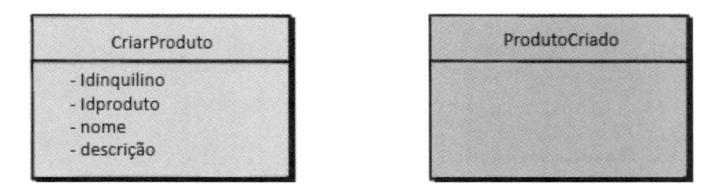

```
┌──────────────┐          ┌─────────────────┐
│ CriarProduto │          │  ProdutoCriado  │
├──────────────┤          ├─────────────────┤
│ - Idinquilino│          │                 │
│ - Idproduto  │          │                 │
│ - nome       │          │                 │
│ - descrição  │          │                 │
└──────────────┘          └─────────────────┘
```

O comando `CriarProduto` tem várias propriedades: (1) `Idinquilino`, que identifica o inquilino inscrito, (2) o `Idproduto`, que identifica o produto único sendo criado, (3) `nome de Produto` e

(4) descrição do Produto. Cada uma dessas propriedades é essencial para criar um Produto.

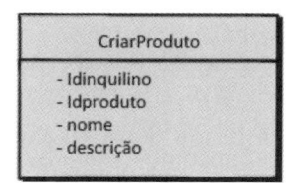

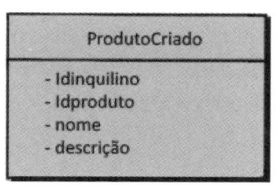

```
┌─────────────────────┐      ┌─────────────────────┐
│    CriarProduto     │      │    ProdutoCriado    │
├─────────────────────┤      ├─────────────────────┤
│ - Idinquilino       │      │ - Idinquilino       │
│ - Idproduto         │      │ - Idproduto         │
│ - nome              │      │ - nome              │
│ - descrição         │      │ - descrição         │
└─────────────────────┘      └─────────────────────┘
```

Portanto, o *Evento de Domínio* ProdutoCriado deve conter todas as propriedades fornecidas com o comando que o causou: (1) Idinquilino (2) Idproduto, (3) nome, e (4) descrição. Isso informará completamente e com precisão a todos os assinantes o que aconteceu no modelo; ou seja, um Produto foi identificado pelo Idinquilino, o Produto foi identificado exclusivamente pelo Idproduto, e o Produto tinha o nome e descrição atribuídos a ele.

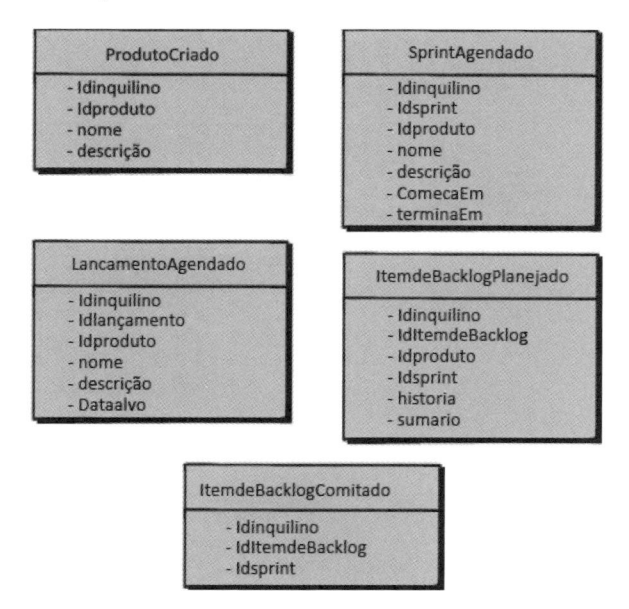

```
┌─────────────────────┐      ┌─────────────────────┐
│    ProdutoCriado    │      │    SprintAgendado   │
├─────────────────────┤      ├─────────────────────┤
│ - Idinquilino       │      │ - Idinquilino       │
│ - Idproduto         │      │ - Idsprint          │
│ - nome              │      │ - Idproduto         │
│ - descrição         │      │ - nome              │
└─────────────────────┘      │ - descrição         │
                             │ - ComecaEm          │
                             │ - terminaEm         │
                             └─────────────────────┘

┌─────────────────────┐      ┌─────────────────────┐
│ LancamentoAgendado  │      │ItemdeBacklogPlanejado│
├─────────────────────┤      ├─────────────────────┤
│ - Idinquilino       │      │ - Idinquilino       │
│ - Idlançamento      │      │ - IdItemdeBacklog   │
│ - Idproduto         │      │ - Idproduto         │
│ - nome              │      │ - Idsprint          │
│ - descrição         │      │ - historia          │
│ - Dataalvo          │      │ - sumario           │
└─────────────────────┘      └─────────────────────┘

         ┌─────────────────────┐
         │ItemdeBacklogComitado│
         ├─────────────────────┤
         │ - Idinquilino       │
         │ - IdItemdeBacklog   │
         │ - Idsprint          │
         └─────────────────────┘
```

Esses cinco exemplos dão uma boa ideia das propriedades que devem ser incluídas nos vários *Eventos de Domínio* publicados pelo *Contexto de Gestão de Projeto Ágil*. Por exemplo, quando um ItemdeBacklog é comitado com uma Sprint, o *Evento de Domínio* ItemdeBacklog Comitado é instanciado e publicado. Esse *Evento de Domínio* contém o Idinquilino, o IdItemdeBacklog do ItemdeBacklog que foi comitado e o IdSprint do Sprint ao qual ele foi comitado.

Como descrito no Capítulo 4, "Design Estratégico com Mapeamento de Contexto", há momentos em que um *Evento de Domínio* pode ser enriquecido com dados adicionais. Isso pode ser especialmente útil para consumidores que não desejam consultar seu *Contexto Delimitado* novamente para obter os dados adicionais de que precisam. Mesmo assim, é preciso ter cuidado para não preencher um *Evento de Domínio* com tantos dados a ponto de ele perder seu significado. Por exemplo, considere o problema de `ItemdeBacklogComitado` conter todo o estado do `ItemdeBacklog`. De acordo com esse *Evento de Domínio*, o que realmente aconteceu? Todos os dados extras podem tornar isso obscuro, a menos que você exija que o consumidor tenha um profundo entendimento do seu elemento `ItemdeBacklog`. Além disso, considere o uso de `ItemdeBacklogAtualizado` com o estado completo do `ItemdeBacklog`, em vez de fornecer o `ItemdeBacklogComitado`. O que aconteceu com o `ItemdeBacklog` é muito incerto, porque o consumidor teria que comparar o último `ItemdeBacklogAtualizado` com o `ItemdeBacklogAtualizado` anterior para entender o que realmente aconteceu com o `ItemdeBacklog`.

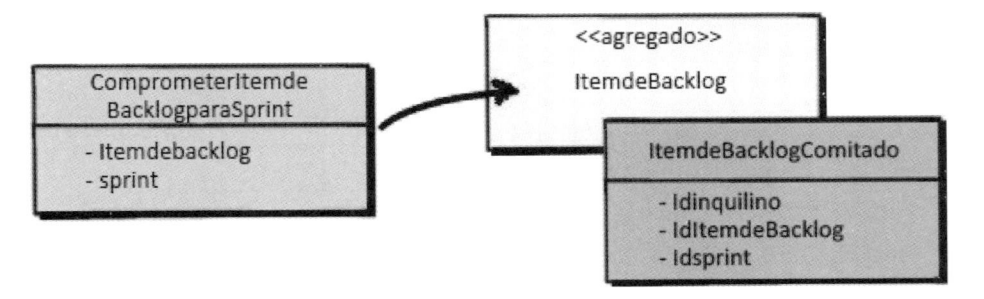

ComprometerItemde BacklogparaSprint
- Itemdebacklog - sprint

<<agregado>> ItemdeBacklog

ItemdeBacklogComitado
- Idinquilino - IdItemdeBacklog - Idsprint

Para tornar o uso adequado dos *Eventos de Domínio* mais claro, analisemos o seguinte cenário: o proprietário de produto comita um `ItemdeBacklog` a um `Sprint`. O próprio comando faz o carregamento do `ItemdeBacklog` e do `Sprint`. Em seguida, o comando é executado no *Agregado* `ItemdeBacklog`. Isso faz com que o estado do `ItemdeBacklog` seja modificado e, em seguida, o *Evento de Domínio* `ItemdeBacklogComitado` é publicado como resultado.

Design Tático com Eventos de Domínio 103

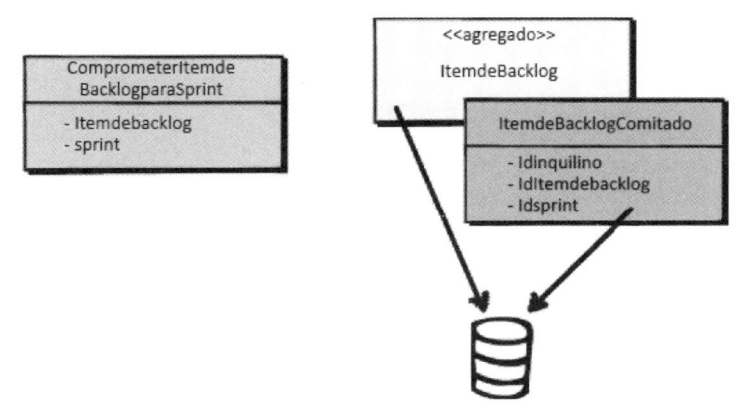

É importante que o *Agregado* modificado e o *Evento de Domínio* sejam salvos juntos na mesma transação. Se estiver usando uma ferramenta de mapeamento objeto-relacional, salvaria o *Agregado* em uma tabela e o *Evento de Domínio* em uma tabela de armazenamento de eventos, então comprometeria a transação. Se estiver usando *Fornecimento de Eventos*, o estado do *Agregado* é totalmente representado pelos próprios *Eventos de Domínio*. Falarei sobre *Fornecimento de Eventos* na próxima seção deste capítulo. De qualquer forma, persistir o *Evento de Domínio* no armazenamento de eventos preserva sua ordem causal em relação ao que aconteceu em todo o modelo de domínio.

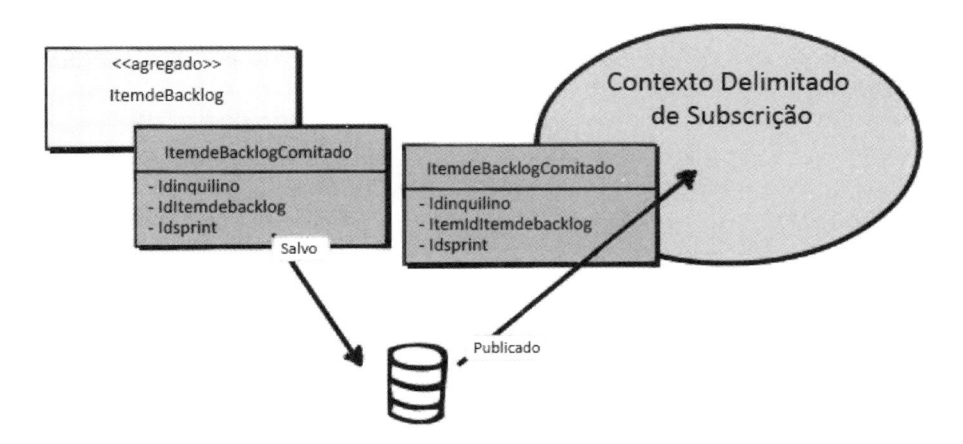

Depois que seu *Evento de Domínio* for salvo no armazenamento de eventos, ele poderá ser publicado para quaisquer partes interessadas. Isso pode ser dentro do seu próprio *Contexto Delimitado* e para *Contextos Delimitados* externos. Essa é a sua maneira de informar ao mundo que algo notável ocorreu no seu *Domínio Central*.

Observe que apenas salvar o *Evento de Domínio* em sua ordem causal não garante que ele chegará a outros nódulos distribuídos na mesma ordem. Portanto, também é responsabilidade do *Contexto Delimitado* consumidor reconhecer a causalidade adequada. Talvez a causalidade possa ser indicada pelo próprio tipo de *Evento de Domínio* ou pelos metadados associados ao *Evento de Domínio*, como um identificador de sequência ou causal. A sequência ou identificador causal indicaria o que causou esse *Evento de Domínio* e, se a causa ainda não foi vista, o consumidor deverá aguardar a aplicação do evento recém-chegado até que sua causa chegue. Em alguns casos, é possível ignorar *Eventos de Domínio* latentes que já foram substituídos pelas ações associadas a um evento posterior; nesse caso, a causalidade terá um impacto descartável.

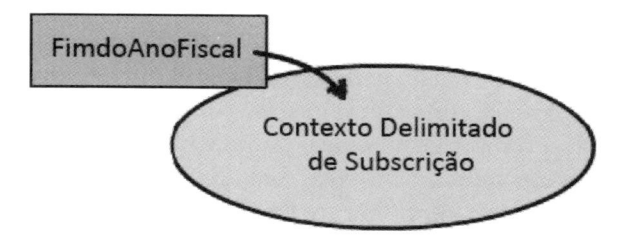

```
┌─────────────────┐
│  FimdoAnoFiscal │──┐
└─────────────────┘  │
                     ▼
              ╱───────────────╲
             (  Contexto Delimitado  )
             (    de Subscrição      )
              ╲───────────────╱
```

Outro ponto importante sobre o que pode causar um *Evento de Domínio* é que, embora geralmente seja um comando baseado em usuário emitido pela interface do usuário que causa a ocorrência de um evento, às vezes os *Eventos de Domínio* podem ser causados por uma fonte diferente. Pode vir de um temporizador que expira, como no final do dia útil ou no final de uma semana, mês ou ano. Em casos como esse, não será um comando que causará o evento, pois o término de determinado período é uma questão de fato. Não se pode negar o fato de que um intervalo de tempo expirou, e se o negócio se importa com esse fato, a expiração do tempo é modelada como um *Evento de Domínio*, e não como um comando.

Além disso, um intervalo de tempo expirado geralmente terá um nome descritivo que fará parte da *Linguagem Ubíqua*. Por exemplo, "Fim do Ano Fiscal" pode ser um evento importante ao qual o seu negócio precisa reagir. Ademais, o horário das 16h na Wall Street é conhecido como "Mercados Fechados" e não apenas como 16h. Portanto, você tem um nome para esse *Evento de Domínio* baseado em um horário específico.

Um comando é diferente de um *Evento de Domínio*, pois um comando pode ser rejeitado como inadequado em alguns casos, como devido ao suprimento e disponibilidade de recursos (produto, fundos etc.) ou outro tipo de validação a nível de negócio. Assim, um comando pode ser rejeitado, mas um *Evento de Domínio* é uma questão de histórico e, logicamente, não pode ser negado. Mesmo assim, em resposta a um *Evento de Domínio* baseado em tempo, pode ser necessário que a aplicação gere um ou mais comandos para solicitar à aplicação que execute determinado conjunto de ações.

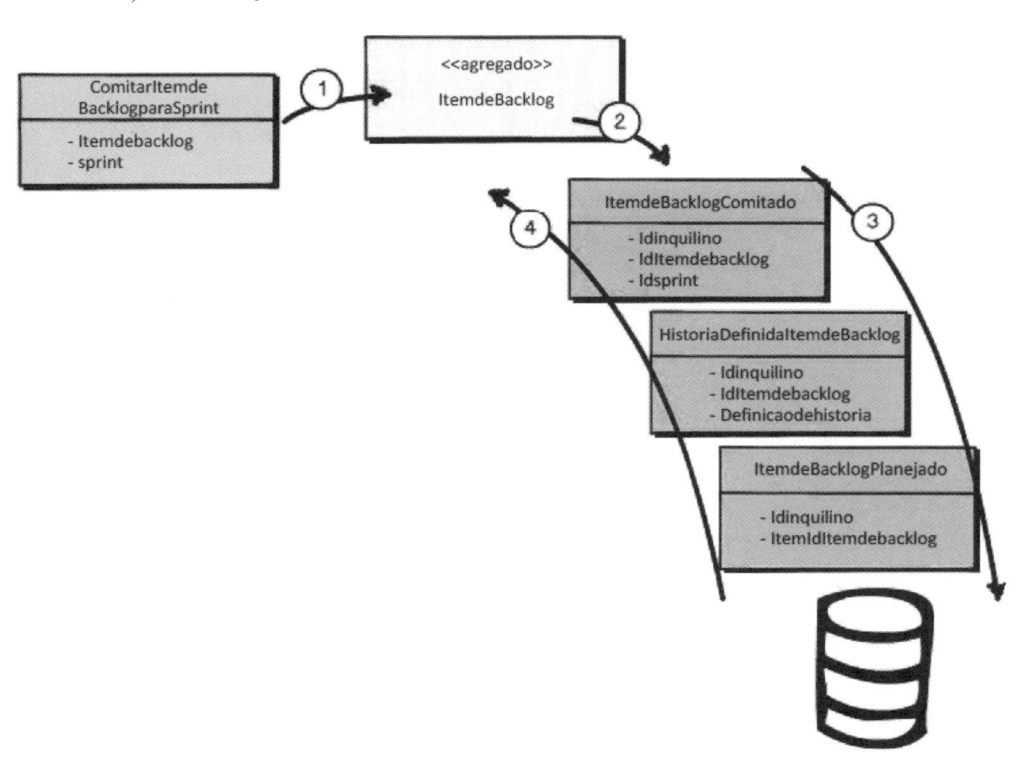

```
┌─────────────────────┐      ┌──────────────────┐
│ ComitarItemde       │  1   │  <<agregado>>    │
│ BacklogparaSprint   │─────▶│   ItemdeBacklog  │
│ - Itemdebacklog     │      └──────────────────┘
│ - sprint            │              │ 2
└─────────────────────┘              ▼
                              ┌──────────────────┐
                         4    │ ItemdeBacklogComitado │  3
                         ◀────│  - Idinquilino   │
                              │  - IdItemdebacklog│
                              │  - Idsprint      │
                              └──────────────────┘
                              ┌──────────────────────────┐
                              │ HistoriaDefinidaItemdeBacklog │
                              │  - Idinquilino           │
                              │  - IdItemdebacklog       │
                              │  - Definicaodehistoria   │
                              └──────────────────────────┘
                              ┌──────────────────────────┐
                              │  ItemdeBacklogPlanejado  │
                              │  - Idinquilino           │
                              │  - ItemIdItemdebacklog   │
                              └──────────────────────────┘
```

Fornecimento de Eventos

O *Fornecimento de Eventos* pode ser descrito como a persistência de todos os *Eventos de Domínio* que ocorreram para uma instância de *Agregado* como um registro do que foi alterado nela. Em vez de persistir o estado do *Agregado* como um todo, você armazena todos os *Eventos de Domínio* individuais que ocorreram nele. Vamos entender como isso é suportado.

Todos os *Eventos de Domínio* que ocorreram para uma instância de *Agregado*, ordenados como ocorreram originalmente, compõem sua sequência de eventos, que começa com o primeiro *Evento de Domínio* que ocorreu para a instância de *Agregado* e continua até o último *Evento de Domínio* ocorrido. À medida que novos *Eventos de Domínio* ocorrem para determinada instância de *Agregado*, eles são anexados ao final de sua sequência de eventos. Reaplicar a sequência de eventos ao *Agregado* permite que seu estado seja reconstituído a partir da persistência de volta à memória. Em outras palavras, ao usar o *Fornecimento de Eventos*, um *Agregado* que foi removido da memória por qualquer motivo é completamente reconstituído a partir de sua sequência de eventos.

No diagrama anterior, o primeiro *Evento de Domínio* a ocorrer foi o `ItemdeBacklogPlanejado`; o próximo foi `HistóriaDefinidaItemdeBacklog`; e o evento que acabou de ocorrer foi o `ItemdeBacklogComitado`. A sequência completa de eventos é atualmente composta por esses três eventos, que seguem a ordem descrita e vista no diagrama.

Cada um dos *Eventos de Domínio* que ocorre para determinada instância de *Agregado* é causado por um comando, como descrito. No diagrama anterior, é o comando `ComitarItemdeBacklogParaSprint` que acabou de ser tratado, e isso causou o *Evento de Domínio* `ItemdeBacklogComitado`.

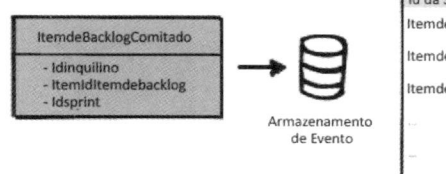

	Id da Sequência	Versão da Sequência	Tipo de Evento	Conteúdo do Evento
ItemdeBacklogComitado - Idinquilino - ItemIditemdebacklog - Idsprint → Armazenamento de Evento	Itemdebacklog123	1	ItemdeBacklogPlanejado	{ ... }
	Itemdebacklog123	2	ItemdeBacklogHistóriaDefinida	{ ... }
	Itemdebacklog123	3	ItemdeBacklogComitado	{ ... }
	...	N	...	{ ... }
		N		{ ... }
		N		{ ... }

O repositório de eventos é apenas uma coleção ou tabela de armazenamento sequencial onde todos os *Eventos de Domínio* são anexados. Como o repositório de eventos serve apenas para anexar, isso torna o mecanismo de armazenamento extremamente rápido, permitindo que um *Domínio Central* que usa o *Fornecimento de Eventos* tenha um rendimento muito alto, baixa latência e capacidade de alta escalabilidade.

Atenção ao Desempenho

Se uma de suas principais preocupações for o desempenho, você gostará de aprender sobre cache e snapshots. Em primeiro lugar, seus *Agregados* de melhor desempenho serão aqueles que estão armazenados em cache na memória, onde não há necessidade de reconstituí-los do armazenamento sempre que forem usados. Usar o modelo de Atores com atores como *Agregados* [Reativos] é uma das maneiras mais fáceis de manter o estado dos *Agregados* em cache.

Outra ferramenta à sua disposição são os snapshots, onde o tempo de carregamento de seus *Agregados* que foram removidos da memória pode ser reconstituído de forma otimizada sem recarregar todos os *Eventos de Domínio* de uma sequência de eventos. Isso significa manter um snapshot de um estado incremental do seu *Agregado* (objeto, ator ou registro) no banco de dados. Os snapshots são discutidos com mais detalhes em *Implementando Domain-Driven Design* [IDDD] e em *Padrões de Mensagem Reativas com o Modelo de Atores* [Reativo].

Uma das maiores vantagens do uso de *Fornecimento de Eventos* é que ele salva um registro de tudo o que já aconteceu em seu *Domínio Central*, no nível individual de ocorrência. Isso pode ser muito útil para o seu negócio por muitos motivos, alguns que pode imaginar hoje, como conformidades e análises, e outros que só perceberá mais tarde. Existem também vantagens técnicas. Por exemplo, os desenvolvedores de software podem usar as sequências de eventos para examinar tendências de uso e depurar seu código-fonte.

Você pode encontrar uma análise das técnicas de *Fornecimento de Eventos* em *Implementando Domain-Driven Design* [IDDD]. Além disso, ao usar o *Fornecimento de Eventos*, é quase certo que precisará usar CQRS. Também poderá encontrar discussões sobre esse tópico em *Implementando Domain-Driven Design* [IDDD].

Resumo

Neste capítulo, você aprendeu:

- Como criar e nomear seus *Eventos de Domínio*
- A importância de definir e implementar uma interface padrão de *Evento de Domínio*
- Que é especialmente importante nomear corretamente seus *Eventos de Domínio*

- Como definir as propriedades de seus *Eventos de Domínio*
- Que alguns *Eventos de Domínio* podem ser causados por comando, ao passo que outros podem acontecer devido à detecção de alguma outra mudança de estado, como data ou horário
- Como salvar seus *Eventos de Domínio* em um repositório de eventos
- Como publicar seus *Eventos de Domínio* após salvá-los
- Sobre o *Fornecimento de Eventos* e como seus *Eventos de Domínio* podem ser armazenados e usados para representar o estado de seus *Agregados*

Para uma análise completa de *Eventos de Domínio* e integração, consulte os Capítulos 8 e 13 de *Implementando Domain-Driven Design* [IDDD].

Capítulo 7
Ferramentas de Aceleração e Gestão

Quando usamos o DDD, estamos em busca de um aprendizado profundo sobre como o negócio funciona e, em seguida, modelamos o software com base na extensão de nosso aprendizado. É realmente um processo de aprendizado, experimentação, desafio, aprendizado contínuo e modelagem. Precisamos processar e destilar conhecimento em grandes quantidades e produzir um design eficaz para atender às necessidades estratégicas de uma organização. O desafio é que precisamos aprender rapidamente. Em uma indústria de ritmo acelerado, regularmente trabalhamos contra o tempo, porque o tempo importa e, geralmente, influencia muitas de nossas decisões, possivelmente até mais do que deveria. Se não entregarmos no prazo e dentro do orçamento, independentemente do que tenhamos alcançado com o software, parecerá que falhamos. E todos estão contando conosco para ter sucesso em todos os aspectos

Algumas pessoas têm feito esforços para convencer a gerência de que a maioria das estimativas de tempo de projeto não tem valor e que não podem ser usadas com sucesso. Não tenho certeza de como esses esforços estão se saindo em grande escala, mas todos os clientes com quem trabalho ainda estão sendo pressionados a entregar dentro de prazos muito específicos, o que forma a definição de prazos no processo de design/implementação. Na melhor das hipóteses, é uma luta constante entre desenvolvimento de software e gestão.

Infelizmente, uma resposta comum a essa pressão negativa é tentar economizar e encurtar os prazos eliminando o design. Lembre-se do primeiro capítulo, em que foi dito que o design é inevitável e que você terá um desempenho ruim como resultado de um design ruim ou terá sucesso entregando um design eficaz, possivelmente até um bom design. Portanto, o que devemos tentar fazer é atender às demandas de tempo de forma direta e projetar de forma acelerada, usando abordagens que o ajudem a entregar o melhor design possível dentro dos limites de tempo que enfrenta.

Para isso, forneço algumas ferramentas muito úteis de aceleração de design e gestão de projeto neste capítulo. Primeiro, discuto a *Tempestade de Eventos* e concluo com uma maneira de aproveitar os artefatos produzidos por esse processo de colaboração para criar estimativas significativas e, o melhor de tudo, alcançáveis.

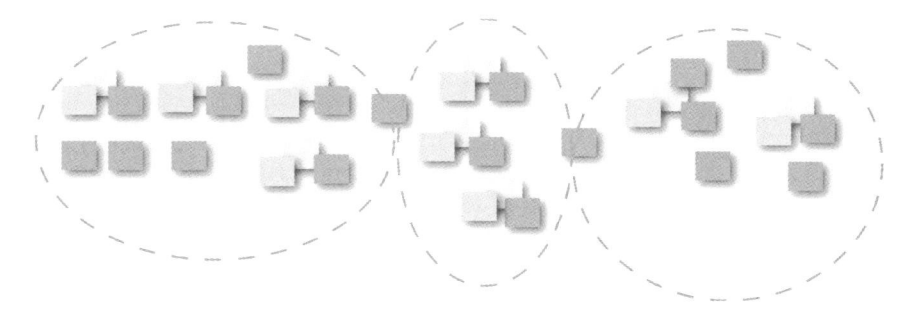

Tempestade de Eventos

A *Tempestade de Eventos* é uma técnica de design rápido destinada a envolver tanto os *Especialistas de Domínio* quanto os desenvolvedores em um processo de aprendizado acelerado. Ele se concentra nos negócios e nos processos empresariais, em vez de substantivos e dados.

Antes de aprender a *Tempestade de Eventos*, eu usava uma técnica chamada modelagem orientada a eventos. Geralmente envolvia conversas, cenários concretos e modelagem centrada em eventos usando UML muito simplificado. As etapas específicas do UML poderiam ser feitas apenas em um quadro branco e também poderiam ser registradas em uma ferramenta. No entanto, como você provavelmente sabe, poucas pessoas de negócios estão familiarizadas e são proficientes mesmo em um uso minimalista do UML. Isso deixava boa parte da etapa de modelagem do exercício para mim ou outro desenvolvedor que entendesse os conceitos básicos do UML. Era uma abordagem muito útil, mas precisava haver uma maneira de envolver os especialistas de negócios de forma mais direta no processo. Isso provavelmente significava deixar de lado o UML em favor de uma ferramenta mais envolvente.

Conheci a *Tempestade de Eventos* pela primeira vez há anos, por intermédio de Alberto Brandolini [Ziobrando], que também havia experimentado outra forma de modelagem orientada a eventos. Em uma ocasião, por falta de tempo, Alberto decidiu abandonar o UML e usar notas adesivas. Esse foi o início de uma abordagem de aprendizado rápido e design de software que envolvia diretamente todos os presentes na sala no processo. Seguem algumas de suas vantagens:

- É uma abordagem muito tátil. Todos recebem um bloco de notas adesivas e uma caneta e são responsáveis por contribuir nas sessões de aprendizado e design. Tanto os profissionais de negócios quanto os desenvolvedores estão em pé de igualdade ao passo que aprendem juntos. Todos contribuem para a *Linguagem Ubíqua*.
- Ele foca todos nos eventos e nos processos empresariais, em vez de nas classes e no banco de dados.
- É uma abordagem muito visual, que dispensa o código da experimentação e coloca todos em nível de igualdade com a processo de design.
- É muito rápido e barato de realizar. É possível criar um *Domínio Central* em um formato aproximado em questão de horas, em vez semanas. Se você escrever algo em uma nota adesiva e decidir posteriormente que isso não funciona, é só amassar e jogar fora. Esse erro custará apenas alguns centavos, e ninguém resistirá à oportunidade de refinar devido ao esforço já investido.
- Sua equipe terá avanços no entendimento. Isso acontece sempre. Alguns participantes podem chegar à sessão achando que têm um entendimento muito bom do modelo de negócios específico, mas, não importa, eles sempre saem com um entendimento maior e até novas percepções sobre o processo empresarial.

- Todos aprendem algo. Seja você um *Especialista de Domínio* ou um desenvolvedor de software, sairá das sessões com um entendimento claro e preciso do modelo em questão. Isso é diferente de alcançar avanços e é importante por si só. Em muitos projetos, pelo menos alguns membros, e possivelmente muitos deles, não entendem no que estão trabalhando até que seja tarde demais e o dano já esteja no código. Fazer uma "tempestade" em um modelo ajuda todos a esclarecer mal-entendidos e avançar com uma direção e propósitos unificados.

- Isso implica que você também está identificando problemas tanto no modelo quanto no entendimento o mais cedo e rápido possível. Corrigir mal-entendidos e aproveitar o resultado como novas percepções. Todos se beneficiam.

- É possível usar a *Tempestade de Eventos* tanto para modelar a *visão geral* quando para a modelagem em *nível de design*. Fazer uma "tempestade" da visão geral será menos preciso, ao passo que a "tempestade" do nível de design o levará a artefatos garantidos de software.

- Não é necessário limitar as sessões de tempestade a apenas uma. Você pode começar com uma sessão de "tempestade" de duas horas e depois fazer uma pausa. Reflita sobre o que foi conquistado e retorne no dia seguinte para passar mais uma ou duas horas expandindo e refinando. Se fizer isso durante duas horas por dia ao longo de três ou quatro dias, terá um entendimento profundo do seu *Domínio Central* e as integrações com os seus *Subdomínios*.

Segue uma lista de pessoas, mentalidade e materiais de que você precisará para criar um modelo:

- Ter as pessoas certas é essencial, ou seja, o(s) *Especialista(s) de Domínio* e os desenvolvedores que trabalharão no modelo. Todos terão algumas perguntas e algumas respostas. Para se apoiarem mutuamente, todos precisarão estar na mesma sala durante as sessões de modelagem.

- Todos devem ter mente aberta, livre de julgamentos rígidos. O maior erro que vejo durante as sessões de *Tempestade de Eventos* é as pessoas tentarem estar corretas muito cedo. É melhor estar determinado a criar eventos demais do que eventos de menos, porque isso é o que o fará aprender mais. Haverá tempo para refinar posteriormente, e o refinamento é rápido e barato.

- Tenha à disposição uma variedade de cores de notas adesivas. No mínimo, você precisará das seguintes cores: laranja, roxo/vermelho, azul-claro, amarelo-claro, lilás e rosa. Talvez você descubra que outras cores (como verde; veja exemplos posteriores) também são úteis. As notas adesivas podem ser quadradas (7,62 cm x 7,62 cm) em vez de retangulares. Não é necessário escrever muito; geralmente, algumas palavras bastam. Considere obter notas bem adesivas. Afinal, você não quer que suas notas fiquem caindo no chão, não é?
- Forneça uma caneta marcadora preta para cada pessoa, o que permitirá que a escrita seja nítida e legível. As canetas de ponta fina são as melhores.
- Encontre uma parede ampla onde você possa modelar. A largura é mais importante do que a altura, mas a superfície de modelagem deve ter aproximadamente 1 metro. A largura deve ser praticamente ilimitada, mas algo na faixa de 10 metros deve ser considerado o mínimo. Caso não haja uma parede disponível, você sempre poderá usar uma mesa de conferência longa ou o chão. O problema com uma mesa é que ela acabará limitando o espaço de modelagem. O problema com o chão é que talvez não seja acessível para todos da equipe. Uma parede é a melhor opção.
- Obtenha um rolo longo de papel, que pode ser encontrado em lojas de arte, lojas de material didático e até mesmo em lojas de móveis e decoração. O papel deve ter as dimensões descritas, com pelo menos 10 metros de largura e 1 metro de altura. Pendure o papel na parede usando fita adesiva forte. Alguns podem optar por não usar o papel e trabalhar diretamente em quadros brancos. Isso pode funcionar por um tempo, mas as notas adesivas tentem a perder aderência ao longo do tempo, especialmente se forem retiradas e coladas em diferentes locais. As notas adesivas aderem por mais tempo quando aplicadas ao papel. Se você pretende modelar por períodos curtos ao longo de três ou quatro dias, em vez de uma sessão longa, a longevidade da aderência é importante.

Com os suprimentos básicos e as pessoas certas participando da sessão, você estará pronto para começar. Considere cada uma das etapas.

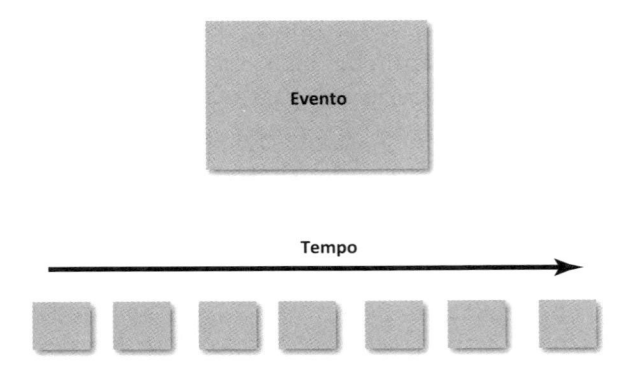

1. *Represente o processo de negócio criando uma série de* Eventos de Domínio *em notas adesivas. A cor mais popular para usar nos* Eventos de Domínio *é o laranja.* Usar laranja faz com que os *Eventos de Domínio* se destaquem mais na superfície de modelagem.

Essas são algumas diretrizes básicas que devem ser seguidas ao criar seus *Eventos de Domínio*:

- Criar os *Eventos de Domínio* primeiro deve enfatizar que nosso foco principal está no processo de negócio, não nos dados e sua estrutura. Pode levar de 10 a 15 minutos para sua equipe se adaptar a isso, mas siga as etapas conforme eu as descrevo aqui. Não se deixe tentar a pular etapas.
- Escreva o nome de cada *Evento de Domínio* em uma nota adesiva. O nome, como você aprendeu no capítulo anterior, deve ser um verbo no tempo passado. Por exemplo, um evento pode ser chamado `ProdutoCriado` e outro pode ser chamado de `ItemdeBacklogComitado`. (Você pode dividir esses nomes em várias linhas nas notas adesivas, se desejar.) Se estiver realizando uma *Tempestade de Eventos* mais ampla e achar que esses nomes são muito específicos para os participantes, use outros nomes.
- Coloque as notas adesivas na superfície de modelagem em ordem cronológica, ou seja, da esquerda para a direita na ordem em que cada evento ocorre no domínio. Comece com os primeiros *Eventos de Domínio* à extrema esquerda da superfície de modelagem e siga gradualmente para a direita. Às vezes, você pode não ter uma boa compreensão da ordem cronológica. Nesse caso, coloque os *Eventos de Domínio* correspondentes em algum lugar do modelo. Descubra a parte do "quando", que provavelmente se tornará óbvia mais tarde.
- Um *Evento de Domínio* que acontece em paralelo com outro, de acordo com o processo de negócio, pode ser colocado abaixo do

Evento de Domínio simultâneo. Use o espaço vertical para representar o processo paralelo.
- Ao passar por essa parte da sessão de tempestade, você identificará pontos problemáticos no seu processo de negócio, sejam existentes ou novos. Marque claramente esses pontos com uma nota adesiva roxa/vermelha e algum texto que explique por que eles são um problema. Invista tempo nesses pontos para aprender mais.
- Às vezes, o resultado de um *Evento de Domínio* é um *Processo* que precisa ser executado. Ele pode ser composto de um único passo ou de múltiplos passos complexos. Cada *Evento de Domínio* que causa a execução de um *Processo* deve ser capturado e nomeado em uma nota adesiva lilás. Desenhe uma linha com uma seta do *Evento de Domínio* para o *Processo* nomeado (nota adesiva lilás). Modele um *Evento de Domínio* de granularidade fina somente se ele for importante para o seu *Domínio Central*. Provavelmente, um processo de registro de usuário é uma necessidade, mas provavelmente não é considerado um recurso principal da sua aplicação. Modele o processo de registro como um único evento de granularidade grossa, UsuarioRegistrado, e siga em frente. Concentre seus esforços nos eventos mais importantes.

Se você acredita ter esgotado todos os possíveis *Eventos de Domínio* importantes, talvez seja hora de fazer uma pausa e voltar à sessão de modelagem mais tarde. Retornar à superfície de modelagem um dia depois, sem dúvida fará você encontrar conceitos faltantes e refutar ou descartar os superficiais que considerava importantes anteriormente. Mesmo assim, em algum momento você terá identificado a maioria dos *Eventos de Domínio* mais importantes. Nesse momento, passamos para a próxima etapa.

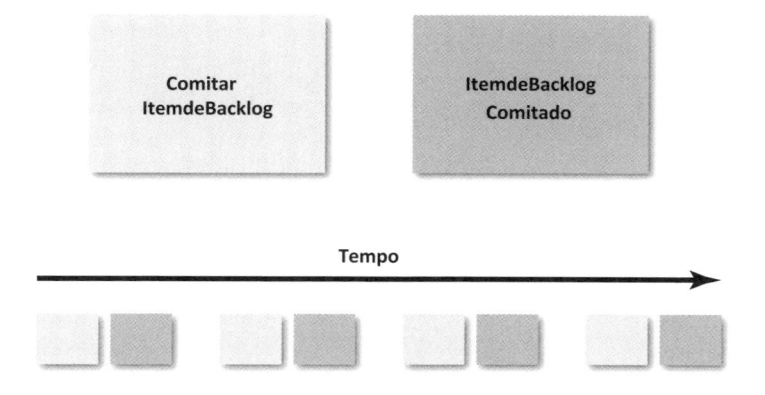

2. *Crie os Comandos que causam cada* Evento de Domínio. Às vezes, um *Evento de Domínio* será o resultado de algo que ocorreu em outro sistema e fluirá para seu sistema. No entanto, na maioria das vezes, um *Comando* será o resultado de alguma ação do usuário e, quando executado, causará um *Evento de Domínio*. O *Comando* deve ser expresso no infinitivo, como `CriarProduto` e `ComitarItemdeBacklog`. Essas são algumas diretrizes básicas:

   - Nas notas adesivas azul-claras, escreva o nome do *Comando* que causa cada *Evento de Domínio* correspondente. Por exemplo, se você tiver um *Evento de Domínio* chamado de `ItemdeBacklogComitado`, o *Comando* correspondente que causa esse evento é chamado de `ComitarItemdeBacklog`.
   - Coloque a nota adesiva azul-clara do *Comando* logo à esquerda do *Evento de Domínio* que ele causa. Eles são associados em pares: *Comando/Evento, Comando/Evento, Comando/Evento* e assim por diante. Lembre-se de que alguns *Eventos de Domínio* ocorrerão devido a limites de tempo e, portanto, talvez não tenham um *Comando* correspondente que os cause explicitamente.
   - Se houver uma função de usuário específica que executa uma ação e for importante especificá-la, você pode colocar uma pequena nota adesiva amarela no canto inferior esquerdo do *Comando* azul-claro com um desenho de uma figura humana e o nome da função. Na figura anterior, "Proprietário de Produto" seria a função que executa o *Comando*.
   - Às vezes, um *Comando* causará a execução de um *Processo*. Isso pode ser um único passo ou múltiplos passos complexos. Cada *Comando* que causa a execução de *Processo* deve ser capturado e nomeado em uma nota adesiva lilás. Desenhe uma linha com uma seta do *Comando* para o *Processo* nomeado (nota adesiva lilás). O *Processo* causará efetivamente um ou mais *Comandos* e *Eventos de Domínio* subsequentes, e se você já souber quais são eles, crie notas adesivas para eles e mostre-os surgindo do *Processo*.
   - Continue indo da esquerda para a direita em ordem cronológica, assim como fez ao criar os *Eventos de Domínio*.
   - É possível que a criação dos *Comandos* faça você pensar em *Eventos de Domínio* (como no exemplo acima, ao descobrir *Processos* lilás ou outros) que não havia imaginado anteriormente. Adicione o *Evento de Domínio* recém-descoberto à superfície de modelagem, juntamente com o *Comando* correspondente.

- Também pode acontecer de haver apenas um *Comando* que cause vários *Eventos de Domínio*. Isso é normal; modele o único *Comando* e coloque-o à esquerda dos vários *Eventos de Domínio* que ele causa.

Uma vez que tenha todos os *Comandos* associados aos *Eventos de Domínio* que eles causam, você está pronto para passar para a próxima etapa.

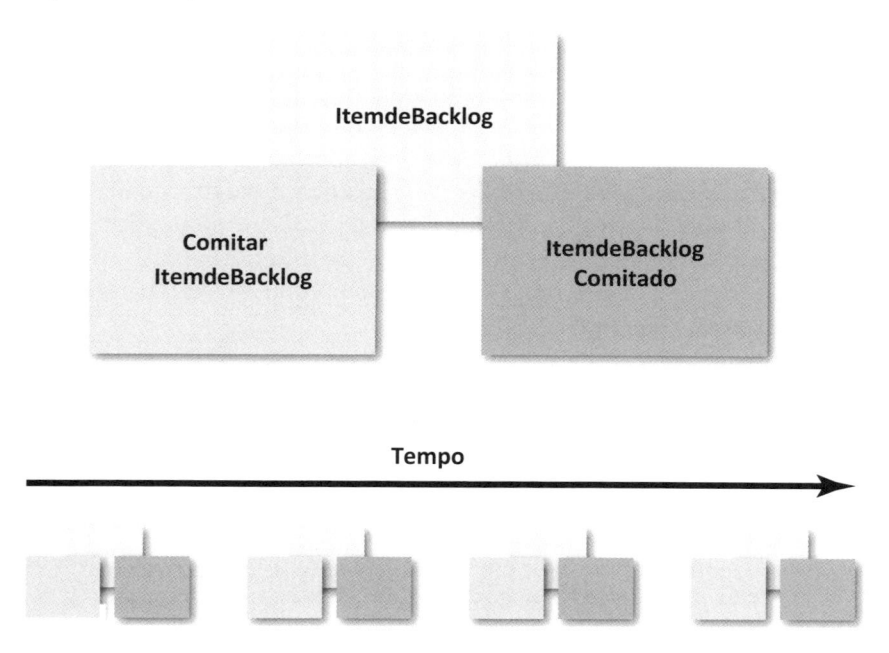

3. *Associe a* Entidade/Agregado *em que o* Comando *produz o resultado do* Evento de Domínio. Esse é o detentor dos dados onde os *Comandos* são executados e os *Eventos de Domínio* são emitidos. Diagramas de relacionamento de *Entidades* são frequentemente o primeiro e mais popular passo no mundo da tecnologia da informação atualmente, mas seria um grande erro começar por aí. As pessoas do negócio não os entendem bem e isso pode encerrar as conversas rapidamente. Na verdade, esse passo foi relegado para o terceiro lugar na *Tempestade de Eventos*, porque estamos mais focados no processo de negócio do que nos dados. Ainda assim, precisamos pensar nos dados em algum momento, e esse momento é agora. Nessa etapa, os especialistas em negócios provavelmente entenderão que os dados entram em jogo. Essas são algumas diretrizes para modelar os *Agregados*:

- Se as pessoas do negócio não gostarem da palavra *Agregado* ou se isso as confundir de alguma forma, você deve usar outro nome. Normalmente, elas conseguem entender *Entidade* ou pode simplesmente chamá-los de *Dados*. O importante é que a nota adesiva permita à equipe comunicar claramente o conceito que ela representa. Use notas adesivas amarelas para todos os *Agregados* e escreva o nome de um *Agregado* em cada nota. Deve ser um substantivo, como `Produto` ou `ItemdeBacklog`. Faça isso para cada *Agregado* em seu modelo.
- Coloque a nota adesiva do *Agregado* atrás e ligeiramente acima dos pares de *Comando* e *Evento de Domínio*. Em outras palavras, deve ser possível ler o substantivo escrito no adesivo do *Agregado*, mas os pares de *Comando* e *Evento de Domínio* devem aderir à parte inferior da nota adesiva do *Agregado* para indicar que estão associados. Se realmente quiser aumentar o espaço entre as notas adesivas, tudo bem, mas deixe claro quais *Comandos* e *Eventos de Domínio* pertencem a quais *Agregados*.
- Conforme você avança na linha do tempo do seu processo de negócio, provavelmente encontrará *Agregados* sendo repetidamente utilizados. Não reorganize sua linha do tempo para agrupar todos os pares de *Comando/Evento* sob uma única nota adesiva de *Agregado*. Em vez disso, crie o mesmo substantivo de *Agregado* em vários adesivos e coloque-os repetidamente na linha do tempo onde ocorrem os pares de *Comando/Evento* correspondentes. O ponto principal é modelar o processo de negócio; o processo de negócio acontece ao longo do tempo.
- É possível que, ao pensar nos dados associados a várias ações, você descubra novos *Eventos de Domínio*. Não os ignore. Em vez disso, coloque os *Eventos de Domínio* recém-descobertos juntamente com os *Comandos* e *Agregados* correspondentes na superfície de modelagem. Você também pode descobrir que alguns *Agregados* são muito complexos e que será necessário dividi-los em um *Processo* gerenciado (nota adesiva lilás). Não ignore tais oportunidades.

Depois de concluir essa parte da etapa de design, você estará se aproximando de algumas etapas adicionais que, se desejar, poderá realizar. Entenda também que, se estiver usando *Fornecimento de Eventos*, conforme descrito no capítulo anterior, já terá percorrido um longo caminho para entender a implementação do seu *Domínio Central*, pois há uma grande sobreposição entre a *Tempestade de Eventos* e o *Fornecimento de Eventos*. Claro, quanto mais próxima a sua tempestade estiver do panorama geral, maior será a distância potencial da implementação real. Ainda assim, podemos usar essa mesma técnica para obter uma visão em nível de design. Na minha experiência, as equipes tendem a mover-se entre a visão geral e o nível de design dentro das mesmas sessões. No final, a necessidade de aprender certos detalhes o levará além da visão geral para alcançar um modelo em nível de design, onde isso é essencial.

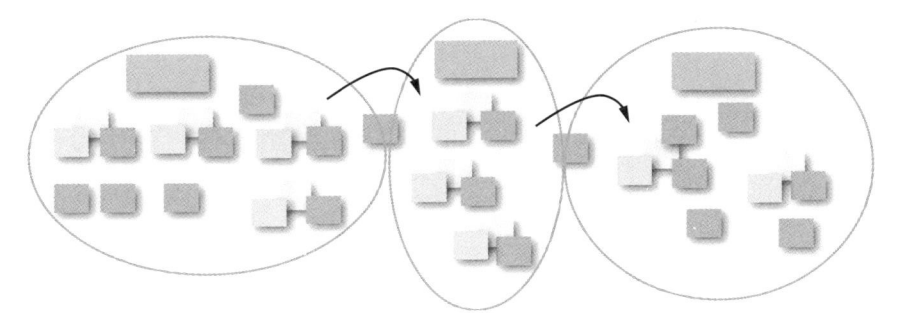

4. *Desenhe limites e linhas com setas para mostrar o fluxo na superfície do seu modelo.* É muito provável que tenha descoberto que existem vários modelos em jogo e *Eventos de Domínio* que fluem entre os modelos em suas sessões de *Tempestade de Eventos*. Veja como lidar com isso:
   - Resumindo, é muito provável que você encontre limites nas seguintes condições: divisões departamentais, quando diferentes pessoas de negócios têm definições conflitantes para o mesmo termo ou quando um conceito é importante, mas não faz parte do *Domínio Central*.
   - Você pode usar canetas marcadoras pretas para desenhar na superfície de modelagem. Mostre o contexto e outros limites. Use linhas contínuas para *Contextos Delimitados* e linhas tracejadas para *Subdomínios*. Obviamente, desenhar limites no papel é permanente, então tenha certeza de entender esse nível de detalhe antes de começar. Se quiser começar delimitando modelos com menos permanência, use notas adesivas cor-de-rosa para marcar áreas gerais e evite desenhar limites com marcadores permanentes até que sua confiança justifique isso.
   - Coloque as notas adesivas cor-de-rosa dentro de vários limites e coloque o nome que se aplica dentro do limite dessas notas adesivas. Isso nomeia os seus *Contextos Delimitados*.
   - Desenhe linhas com setas para mostrar a direção dos *Eventos de Domínio* que fluem entre os *Contextos Delimitados*. Essa é uma maneira fácil de comunicar como alguns *Eventos de Domínio* chegam ao seu sistema sem serem causados por um *Comando* em seu *Contexto Delimitado*.

Qualquer outro detalhe sobre essas etapas deve ser intuitivamente óbvio. É só usar limites e linhas para se comunicar.

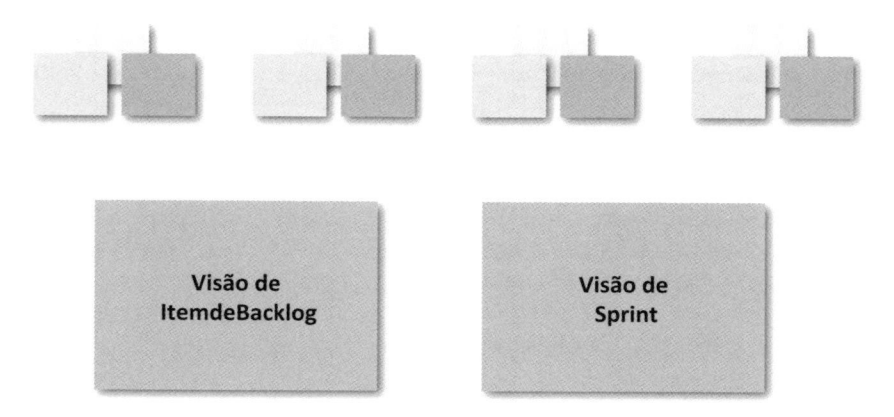

Visão de ItemdeBacklog	Visão de Sprint

5. *Identifique as várias visualizações que seus usuários precisarão para realizar suas ações e papéis importantes para vários usuários.*
   - Você não precisará necessariamente mostrar todas as visualizações que sua interface de usuário fornecerá, ou nenhuma delas, para ser honesto. Se decidir mostrar alguma visualização, elas devem ser as significativas e exigir algum cuidado especial na criação. Esses artefatos de visualização podem ser representados por notas adesivas verdes na superfície de modelagem. Se ajudar, faça um esboço rápido (ou wireframe) das visualizações da interface do usuário mais importantes.
   - Você também pode usar notas adesivas amarelas para representar vários papéis importantes do usuário. Novamente, mostre-os apenas se precisar comunicar algo significativo sobre a interação do usuário com o sistema ou algo que o sistema faça para um papel específico do usuário.

É possível que os passos 4 e 5 sejam todas as etapas extras que você precisará incorporar em seus exercícios de *Tempestade de Eventos*.

Outras Ferramentas

É claro que isso não lhe impede de experimentar, por exemplo, colocando outros desenhos na superfície de modelagem e testar outras etapas de modelagem na sessão de *Tempestade de Eventos*. Lembre-se: tudo se resume a aprender e comunicar um design. Use todas as ferramentas de que precisar para modelar como uma equipe unida. Apenas tenha o cuidado de rejeitar a formalidade excessiva, pois isso custará muito. Seguem mais algumas outras ideias:

Introduza especificações executáveis de alto nível que sigam a abordagem dado/quando/então. Elas também são conhecidas como testes de aceitação. É possível ler mais sobre isso no livro *Specification by Example* de Gojko Adzic [Specification, sem publicação no Brasil], e eu forneço um exemplo no Capítulo 2, "Design Estratégico com Contextos Delimitados e Linguagem Ubíqua". Apenas tenha cuidado para não exagerar com essas especificações, fazendo com que elas consumam todo o seu tempo e esforço e tenham precedência sobre o modelo de domínio real. Estimo que seja necessário algo entre 15% e 25% mais tempo e esforço para usar e manter especificações executáveis em vez de abordagens comuns baseadas em testes unitários (também demonstrado no Capítulo 2), e é fácil se envolver em manter as especificações relevantes para a direção atual dos negócios à medida que o modelo muda ao longo do tempo.

Experimente o *Mapeamento de Impacto* para garantir que o software que você está projetando seja um *Domínio Central* e não algum modelo menos importante. Essa técnica também é definida por Gojko Adzic.

Pesquise sobre o livro *User Story Mapping* de Jeff Patton [Mapeamento de História de Usuário, sem publicação no Brasil]. É uma técnica usada para direcionar seu foco para o *Domínio Central* e entender em quais recursos de software você deve investir.

As três ferramentas adicionais mencionadas anteriormente têm uma grande sobreposição com a filosofia do DDD e seriam bastante adequadas para serem introduzidas em qualquer projeto DDD. Todas elas são destinadas a serem usadas em um projeto altamente acelerado, têm baixa formalidade e são muito baratas de usar.

Gerenciando DDD em um Projeto Ágil

Anteriormente, mencionei que houve um movimento em torno do que é chamado de *No Estimates*. Essa abordagem rejeita abordagens típicas de estimativa, como pontos de história ou horas de tarefas. Ela se concentra em entregar valor em vez de controlar custos e não estima nenhuma tarefa que provavelmente exigiria apenas alguns meses para ser concluída. Não descarto essa abordagem. No entanto, no momento em que escrevo isto, os clientes com os quais trabalho ainda são obrigados a fornecer estimativas e definir prazos para tarefas, como o esforço de programação necessário para implementar recursos mais detalhados. Se a abordagem *No Estimates* funcionar para você em sua situação de projeto, use-a.

Também estou ciente de que algumas pessoas na comunidade DDD basicamente definiram seu próprio processo ou estrutura de execução de processo para usar o DDD em um projeto. Isso pode funcionar bem e ser eficaz quando é aceito por determinada equipe, mas pode ser mais difícil obter apoio de organizações que já investiram em uma estrutura de execução ágil, como o Scrum.

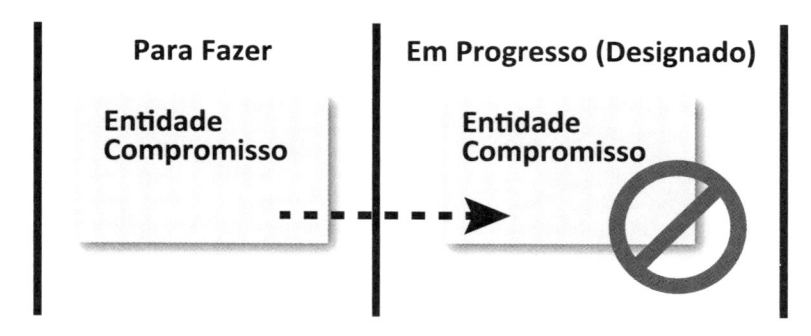

Para Fazer	Em Progresso (Designado)
Entidade Compromisso	Entidade Compromisso

Tenho observado que, recentemente, o Scrum tem sido alvo de críticas consideráveis. Embora eu não tome partido nessas críticas, afirmo abertamente que, muitas vezes, o Scrum vem sendo mal utilizado. Já mencionei a tendência das equipes de "projetar" usando o que chamo de "embaralhamento do quadro de tarefas". Essa simplesmente não é a forma como o Scrum foi concebido para ser usado em um projeto de software. E, repetindo, a *aquisição de conhecimento* é tanto um princípio do Scrum quanto um objetivo principal do DDD, mas é amplamente ignorada em troca de uma entrega implacável com o Scrum. Mesmo assim, o Scrum ainda é amplamente utilizado em nossa indústria, e duvido que seja substituído em breve.

Portanto, o que farei aqui é mostrar como você pode fazer o DDD funcionar em um projeto baseado no Scrum. As técnicas que apresentarei devem ser igualmente aplicáveis a outras abordagens de projeto ágil, como o uso do Kanban. Não há nada aqui que seja exclusivo do Scrum, embora algumas orientações sejam expressas em termos do Scrum.

E como muitos de vocês já devem estar familiarizados com o Scrum ao colocá-lo em prática de alguma forma, a maioria das minhas orientações aqui será em relação ao modelo de domínio e ao aprendizado, experimentação e design com o DDD. Você precisará buscar orientações gerais sobre o uso do Scrum, Kanban ou outra abordagem ágil em outro lugar.

Quando uso o termo *tarefa* ou *quadro de tarefas*, isso deve ser compatível com a agilidade em geral, inclusive o Kanban. Quando uso o termo *sprint*, também tentarei incluir as palavras *iteração* para agilidade em geral e *WIP* (trabalho em progresso), como referência ao Kanban. Nem sempre será uma combinação perfeita, pois não estou tentando definir um processo real aqui. Espero que você simplesmente se beneficie das ideias e encontre uma maneira de aplicá-las adequadamente em sua estrutura específica de execução ágil.

Primeiro o Mais Importante

Um dos meios mais importantes para aplicar com sucesso o DDD em um projeto é contratar pessoas competentes. Simplesmente não há substituto para pessoas competentes e desenvolvedores acima da média. O DDD é uma filosofia e técnica avançada para o desenvolvimento de software, e requer desenvolvedores acima da média, ou até mesmo muito bons, para aplicá-la. Nunca subestime a importância de contratar as pessoas certas com as habilidades e a automotivação adequadas.

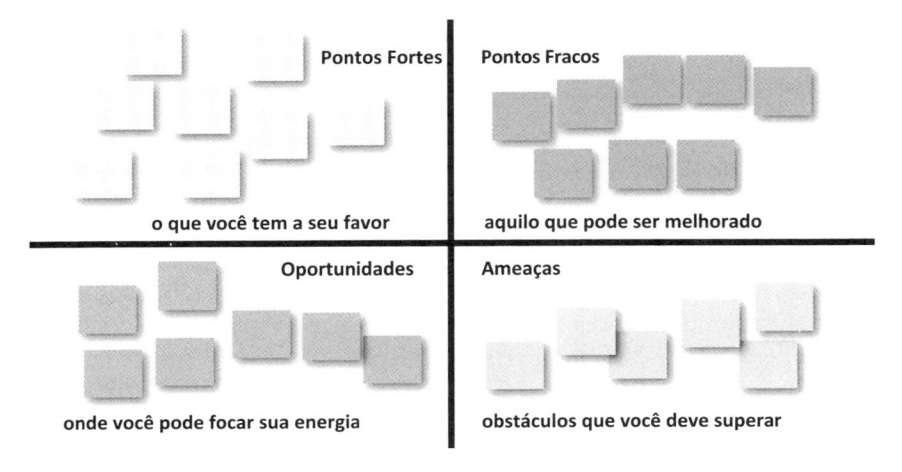

Pontos Fortes	Pontos Fracos
o que você tem a seu favor	aquilo que pode ser melhorado
Oportunidades	Ameaças
onde você pode focar sua energia	obstáculos que você deve superar

Use a Análise SWOT

Caso não esteja familiarizado com a análise SWOT [SWOT], ela significa Pontos Fortes, Pontos Fracos, Oportunidades e Ameaças. A análise SWOT é uma forma de pensar sobre o seu projeto de maneiras muito específicas, obtendo o máximo de conhecimento o mais cedo possível. Essas são as ideias básicas por trás do que você procura identificar em um projeto:

- *Pontos Fortes:* características do negócio ou projeto que lhe conferem vantagem sobre os outros
- *Pontos Fracos:* características que colocam o negócio ou projeto em desvantagem em relação aos outros
- *Oportunidades:* elementos que o projeto poderia aproveitar a seu favor
- *Ameaças:* elementos do ambiente que podem causar problemas para o negócio ou projeto

A qualquer momento, em um projeto Scrum ou outro projeto ágil, sinta-se à vontade para usar a análise SWOT para determinar a situação atual do seu projeto:

1. Desenhe uma grande matriz com quatro quadrantes.
2. Voltando às notas adesivas, escolha uma cor diferente para cada um dos quatro quadrantes da SWOT.
3. Agora, identifique os Pontos Fortes, os Pontos Fracos, as Oportunidades e as Ameaças do seu projeto.
4. Escreva essas informações nas notas adesivas e coloque-as na matriz, dentro do quadrante apropriado.
5. Use essas características da análise SWOT do projeto (estamos particularmente pensando no modelo de domínio aqui) para planejar o que você fará a respeito delas. As próximas etapas que deverá adotar para promover as áreas positivas e mitigar as áreas problemáticas podem ser fundamentais para o seu sucesso.

Você terá a oportunidade de colocar essas ações no quadro de tarefas à medida que realizar o planejamento do projeto, conforme discutido posteriormente.

Modelagem Experimental e Dívida de Modelagem

É surpreendente saber que você pode ter experimentos de modelagem e dívida de modelagem em um projeto de DDD?

Uma das melhores coisas que você pode fazer no início de um projeto é usar a *Tempestade de Eventos*. Isso e outros experimentos de uma modelagem constituiriam um experimento de modelagem. Você terá que "investir" conhecimento sobre o produto Scrum, e às vezes o pagamento é um experimento, o que é quase certo durante o início do projeto. Ainda assim, já mostrei como o uso da *Tempestade de Eventos* pode reduzir significativamente o custo do investimento necessário.

Com certeza, você não pode esperar modelar perfeitamente o seu domínio desde o início, mesmo se considerar o início do seu projeto como um experimento valioso de modelagem. Também não será perfeito ao usar o *Tempestade de Eventos*. De um lado, os negócios e nossa compreensão deles mudam com o tempo, assim como seu modelo de domínio.

Além disso, se pretende definir prazos para seus esforços de modelagem como tarefas em um quadro de tarefas, espere incorrer em alguma dívida de modelagem durante cada sprint (iteração ou WIP). Simplesmente não haverá tempo para realizar cada tarefa de modelagem desejada com perfeição quando estiver restrito pelo tempo. De um lado, você começará um design e perceberá após a experimentação que o design que possui não atende às necessidades do negócio tão bem quanto o esperado. No entanto, o limite de tempo exigirá que siga em frente.

A pior coisa que poderia fazer agora é simplesmente tudo o que aprendeu com os esforços de modelagem que apontaram para um design diferente e melhorado. Em vez disso, anote que isso precisa ser abordado em um sprint posterior (ou iteração, WIP). Isso pode ser levado para sua reunião retrospectiva[1] e transformado em uma nova tarefa em sua próxima reunião de planejamento de sprint (ou reunião de planejamento de iteração, ou adicionado à fila do Kanban).

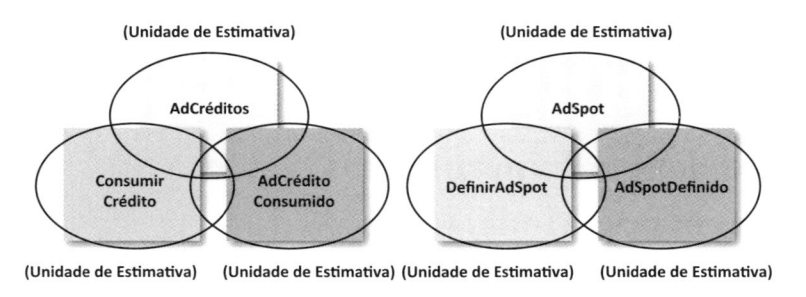

(Unidade de Estimativa)   (Unidade de Estimativa)

AdCréditos   AdSpot

Consumir   AdCrédito   DefinirAdSpot   AdSpotDefinido
Crédito   Consumido

(Unidade de Estimativa)   (Unidade de Estimativa)   (Unidade de Estimativa)   (Unidade de Estimativa)

Identificando Tarefas e Estimando o Esforço

A *Tempestade de Eventos* é uma ferramenta que pode ser usada a qualquer momento, não apenas durante o início do projeto. Conforme você trabalha em uma sessão de *Tempestade de Eventos*, naturalmente criará vários artefatos. Cada um dos *Eventos de Domínio*, *Comandos* e *Agregados* que mapear em seu modelo de papel pode ser usado como unidades de estimativa. Como assim?

Tipo de Componente	Fácil (Horas)	Moderado (Horas)	Complexo (Horas)
Evento de Domínio	0.1	0.2	0.3
Comando	0.1	0.2	0.3
Agregado	1	2	4
...	...	...	...

Uma das formas mais fáceis e precisas de estimar é usando uma abordagem baseada em métricas. Como visto aqui, crie uma tabela simples com unidades de estimativa para cada tipo de componente que precisará implementar. Isso eliminará as suposições das estimativas e fornecerá

---

1. No Kanban, realmente temos retrospectivas todos os dias, então não espere tanto para apresentar a necessidade de aprimorar o modelo.

uma abordagem científica para o processo de criação de estimativas de esforço. Veja como a tabela funciona:

1. Crie uma coluna para o *Tipo de Componente*, para descrever o tipo específico de componente para o qual as unidades de estimativa são definidas.

2. Crie mais três colunas, uma para *Fácil*, *Moderado* e *Complexo*. Essas colunas refletirão a unidade de estimativa, que está em horas ou frações de horas, para o tipo de unidade específico.

3. Agora crie uma linha para cada tipo de componente em sua arquitetura. São mostrados os tipos de *Eventos de Domínio*, *Comandos* e *Agregados*. No entanto, não se limite a esses. Crie uma linha para os vários componentes de interface do usuário, serviços, persistência, serializadores e desserializadores de *Eventos de Domínio* e assim por diante. Sinta-se à vontade para criar uma linha para cada tipo de artefato que criará no código-fonte. (Por exemplo, se você normalmente cria um serializador e desserializador de *Eventos de Domínio* junto com cada *Evento de Domínio* como etapa composta, atribua um valor de estimativa para *Eventos de Domínio* que reflita a criação de todos esses componentes juntos em cada coluna.)

4. Agora preencha as horas ou frações de hora necessárias para cada nível de complexidade: fácil, moderado e complexo. Essas estimativas não incluem apenas o tempo necessário para a implementação, mas também podem incluir esforços adicionais de design e teste. Faça-as precisas e realistas.

5. Quando você conhecer as tarefas do backlog (WIP) nas quais trabalhará, obtenha uma métrica para cada uma das tarefas e identifique-as claramente. Poderá usar uma planilha para isso.

6. Some todas as unidades de estimativa para todos os componentes no sprint atual (iteração ou WIP), e isso se tornará sua estimativa total.

À medida que executa cada sprint (iteração ou WIP), ajuste suas métricas para refletir as horas ou frações de horas realmente necessárias.

Se estiver usando o Scrum e estiver cansado de estimativas em horas, entenda que essa abordagem é muito mais flexível e também mais precisa. Conforme aprende sua cadência, ajustará suas métricas de estimativa para que sejam mais precisas e realistas. Pode ser necessário alguns sprints para acertar. Perceba também que, com o tempo e a experiência, você provavelmente ajustará seus números para baixo ou usará as colunas *Fácil* ou *Moderado* mais prontamente.

Se estiver usando o Kanban e achar que as estimativas são completamente falhas e desnecessárias, pergunte-se: como sei determinar um WIP preciso para início de conversa para limitar corretamente nossa fila de trabalho? Independentemente do que talvez ache, ainda estará estimando o esforço envolvido e esperando que esteja correto. Por que não adicionar um pouco de ciência ao processo e usar essa abordagem simples e precisa de estimativa?

Um Comentário Sobre Precisão

Essa abordagem funciona. Em um grande programa corporativo, a organização exigiu estimativas para um projeto grande e complexo dentro do programa geral. Duas equipes foram designadas para essa tarefa. Primeiro, havia uma equipe de consultores de alto custo que trabalhava com empresas Fortune 500 para estimar e gerenciar projetos. Eles eram contadores, tinham doutorados e estavam equipados com tudo que poderia intimidar e dar a eles uma clara vantagem. A segunda equipe era composta por arquitetos e desenvolvedores, empoderados com esse processo de estimativa baseado em métricas. O projeto tinha um valor de cerca de US$20 milhões e, no final, quando ambas as estimativas foram entregues, elas estavam aproximadamente US$200 mil uma da outra (sendo a estimativa da equipe técnica um pouco mais baixa). Nada mal para os técnicos.

Você deve ser capaz de obter uma precisão de aproximadamente 20% em estimativas de longo prazo e muito melhor em estimativas de curto prazo, como para sprints, iterações e filas de trabalho em andamento.

Para Fazer

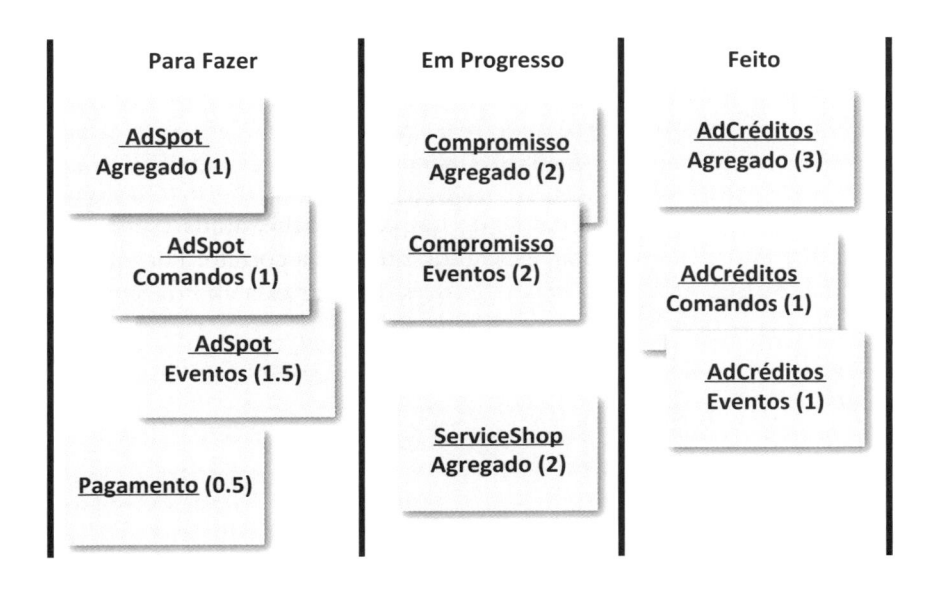

- AdSpot Agregado (1)
- AdSpot Comandos (1)
- AdSpot Eventos (1.5)
- Pagamento (0.5)

Em Progresso

- Compromisso Agregado (2)
- Compromisso Eventos (2)
- ServiceShop Agregado (2)

Feito

- AdCréditos Agregado (3)
- AdCréditos Comandos (1)
- AdCréditos Eventos (1)

Modelagem Temporal

Agora que temos estimativas para cada tipo de componente, você pode basear suas tarefas diretamente nesses componentes. Podemos optar por manter cada componente como uma única tarefa com um número de horas ou podemos escolher dividir nossas tarefas um pouco mais. No entanto, sugiro ter cuidado ao dividir as tarefas em partes muito detalhadas, para não tornar o quadro de tarefas excessivamente complexo. Como mostrado anteriormente, pode ser até melhor combinar todos os *Comandos* e todos os *Eventos de Domínio* usados por um único *Agregado* em uma única tarefa.

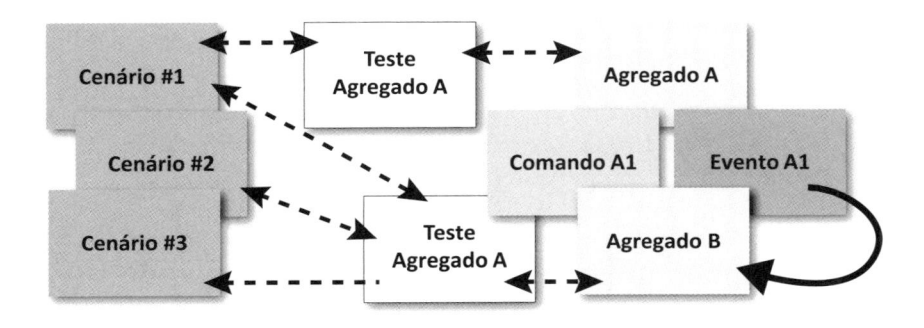

Como Implementar

Mesmo com artefatos identificados pela *Tempestade de Eventos*, você não necessariamente terá todo o conhecimento necessário para trabalhar em um cenário, história e caso de uso específicos do domínio. Se for necessário mais conhecimento, certifique-se de incluir tempo para aquisição de conhecimento adicional em suas estimativas. Mas tempo para o quê? Lembre-se de que, no Capítulo 2, apresentei-lhe a criação de cenários concretos em torno do seu modelo de domínio. Essa pode ser uma das melhores maneiras de adquirir conhecimento sobre o seu *Domínio Central*, além do que pode obter com a *Tempestade de Eventos*. Cenários concretos e a *Tempestade de Eventos* são duas ferramentas que devem ser usadas juntas. Veja como isso funciona:

- Realize uma rápida sessão de *Tempestade de Eventos*, talvez apenas por uma hora. É quase certo que você descobrirá que precisa desenvolver cenários mais concretos em torno de algumas de suas descobertas rápidas de modelagem.

- Faça uma parceria com o *Especialista de Domínio* para discutir um ou mais cenários concretos que precisam ser refinados. Isso identifica como o modelo de software será utilizado. Novamente, esses não são apenas procedimentos, mas devem ser declarados com o objetivo de identificar elementos reais do modelo de domínio (por exemplo, objetos), como os elementos colaboram e como interagem com os usuários. (Consulte o Capítulo 2, se necessário.)

- Crie um conjunto de testes de aceitação (ou especificações executáveis) que abordem cada um dos cenários. (Consulte o Capítulo 2, se necessário.)

- Crie os componentes que permitam a execução dos testes/especificações. Faça iterações (breves e rápidas) à medida que refina os testes/especificações e os componentes, até que eles façam o que seu *Especialista de Domínio* espera.

- Muito provavelmente, parte das iterações (breves e rápidas) fará com que você considere outros cenários, crie testes/especificações adicionais e refine os componentes existentes e crie outros.

Continue esse processo até adquirir todo o conhecimento necessário para alcançar um objetivo de negócio limitado ou até que o tempo estabelecido acabe. Se não atingir o ponto desejado, certifique-se de acumular dívidas de modelagem para que isso possa ser abordado no futuro (idealmente próximo).

No entanto, por quanto tempo você precisará dos *Especialistas de Domínio*?

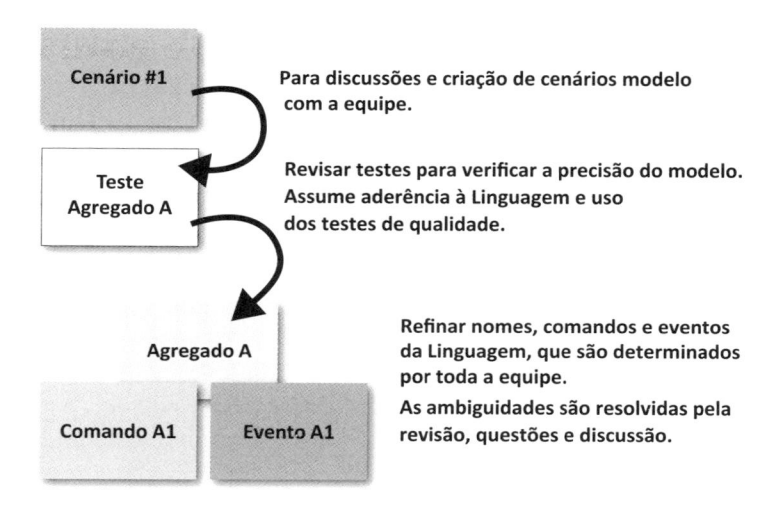

```
[Cenário #1] → Para discussões e criação de cenários modelo com a equipe.

[Teste Agregado A] → Revisar testes para verificar a precisão do modelo. Assume aderência à Linguagem e uso dos testes de qualidade.

[Agregado A]
[Comando A1] [Evento A1] → Refinar nomes, comandos e eventos da Linguagem, que são determinados por toda a equipe.
As ambiguidades são resolvidas pela revisão, questões e discussão.
```

Interagindo com Especialistas de Domínio

Um dos principais desafios de aplicar o DDD é conseguir tempo com os *Especialistas de Domínio* em um projeto sem exagerar. Muitas vezes, os *Especialistas de Domínio* têm muitas outras responsabilidades, horas de reuniões e possíveis viagens. Com tais ausências potenciais do ambiente de modelagem, pode ser difícil encontrar tempo suficiente com eles. Portanto, é melhor aproveitarmos o tempo que utilizamos e limitá-lo ao necessário. A menos que você torne as sessões divertidas e eficientes, há uma grande chance de perder a ajuda deles justamente na hora errada. Se eles as acharem valiosas, esclarecedoras e recompensadoras, provavelmente estabelecerá a forte parceria de que precisará.

Então, as primeiras perguntas a responder são: "Quando precisamos de tempo com os *Especialistas de Domínio*? Que tarefas eles precisam nos ajudar a realizar?"

- Sempre inclua os *Especialistas de Domínio* nas atividades de *Tempestade de Eventos*. Os desenvolvedores sempre terão muitas perguntas, e os *Especialistas de Domínio* terão as respostas. Certifique-se de que eles participem das sessões de *Tempestade de Eventos* juntos.

- Você precisará do input dos *Especialistas de Domínio* em discussões e na criação de cenários de modelo. Veja o Capítulo 2 para exemplos.

- Os *Especialistas de Domínio* serão necessários para revisar os testes a fim de verificar a exatidão do modelo. Isso pressupõe que os desenvolvedores já tenham feito um esforço consciente para aderir à *Linguagem Ubíqua* e usar dados de teste de qualidade e realistas.

- Você precisará dos *Especialistas de Domínio* para refinar a *Linguagem Ubíqua* e seus nomes de *Agregados*, *Comandos* e *Eventos de Domínio*, que são determinados por toda a equipe. Ambiguidades são resolvidas por meio de revisão, perguntas e discussão. Mesmo assim, as sessões de *Tempestade de Eventos* devem ter resolvido a maioria das questões sobre a *Linguagem Ubíqua*.

Agora que você sabe o que precisará dos *Especialistas de Domínio*, quanto tempo deve exigir deles para cada uma dessas responsabilidades?

- As sessões de *Tempestade de Eventos* devem ser limitadas a algumas horas (duas ou três) cada uma. Talvez seja necessário realizar sessões em dias consecutivos, talvez três ou quatro dias.

- Reserve generosas quantidades de tempo para discussão e refinamento de cenários, mas tente maximizar o tempo para cada cenário. Devemos ser capazes de discutir e iterar sobre um cenário em cerca de 10 a 20 minutos.

- Para os testes, precisaremos de algum tempo com os *Especialistas de Domínio* para revisar o que escrevemos. Mas não espere que eles fiquem sentados lá enquanto escrevemos o código. Talvez fiquem, e isso é um bônus, mas não espere por isso. Modelos precisos requerem menos tempo para revisão e verificação. Não subestime a capacidade dos *Especialistas de Domínio* de lerem um teste com sua ajuda. Eles podem fazer isso, especialmente se os dados de teste forem realistas. Seus testes devem permitir que o *Especialista de Domínio* compreenda e verifique cerca de um teste a cada um ou dois minutos, mais ou menos.

- Durante as revisões dos testes, os *Especialistas de Domínio* podem fornecer informações sobre *Agregados*, *Comandos* e *Eventos de Domínio*, e talvez outros artefatos, quanto à aderência à *Linguagem Ubíqua*. Isso pode ser feito em breves períodos de tempo.

Essa orientação deve ajudá-lo a usar a quantidade certa de tempo com os *Especialistas de Domínio* e a limitar a quantidade de tempo que você precisa gastar com eles.

Resumo

Em resumo, neste capítulo, você aprendeu:

- Sobre a *Tempestade de Eventos*, como ele pode ser usado e como realizar sessões com sua equipe, tudo com o objetivo de acelerar seus esforços de modelagem
- Sobre outras ferramentas que podem ser usadas juntamente com a *Tempestade de Eventos*
- Como usar o DDD em um projeto e como gerenciar estimativas e o tempo necessário com os *Especialistas de Domínio*

Para uma referência abrangente sobre a implementação do DDD em projetos, consulte o livro *Implementando Domain-Driven Design* [IDDD].

Referências

1. [BDD] North, Dan. "Behavior-Driven Development". 2006. http://dannorth.net/introducing-bdd/.
2. [Causal] Lloyd, Wyatt, Michael J. Freedman, Michael Kaminsky e David G. Andersen. "Don't Settle for Eventual Consistency: Stronger Properties for Low-Latency Geo-replicated Storage". http://queue.acm.org/detail.cfm?id=2610533.
3. [DDD] Evans, Eric. *Domain-Driven Design: Tackling Complexity in the Heart of Software.* Boston: Addison-Wesley, 2004.
4. [Essential Scrum] Rubin, Kenneth S. *Essential Scrum: A Practical Guide to the Most Popular Agile Process.* Boston: Addison-Wesley, 2012.
5. [IDDD] Vernon, Vaughn. *Implementing Domain-Driven Design.* Boston: Addison-Wesley, 2013.
6. [Impact Mapping] Adzic, Gojko. *Impact Mapping: Making a Big Impact with Software Products and Projects.* Provoking Thoughts, 2012.
7. [Microservices] Newman, Sam. *Building Microservices.* Sebastopol, CA: O'Reilly Media, 2015.
8. [Reactive] Vernon, Vaughn. *Reactive Messaging Patterns with the Actor Model: Applications and Integration in Scala and Akka.* Boston: Addison-Wesley, 2015.
9. [RiP] Webber, Jim, Savas Parastatidis e Ian Robinson. *REST in Practice: Hypermedia and Systems Architecture.* Sebastopol, CA: O'Reilly Media, 2010.
10. [Specification] Adzic, Gojko. *Specification by Example: How Successful Teams Deliver the Right Software.* Manning Publications, 2011.
11. [SRP] Wikipedia. "Single Responsibility Principle". http://en.wikipedia.org/wiki/Single_responsibility_principle.

12. [SWOT] Wikipedia. "SWOT Analysis". https://en.wikipedia.org/wiki/SWOT_analysis.
13. [User Story Mapping] Patton, Jeff. *User Story Mapping: Discover the Whole Story, Build the Right Product.* Sebastopol, CA: O'Reilly Media, 2014.
14. [WSJ] Andreessen, Marc. "Why Software Is Eating the World". *Wall Street Journal*, 20 de agosto de 2011.
15. [Ziobrando] Brandolini, Alberto. "Introducing EventStorming". https://leanpub.com/introducing_eventstorming.

Índice

A

Adaptadores

  de Entrada 40

  de Saída 40

Agregado 74–96

  desempenho 107–108

  dimensões 93–95

    etapas de design 93

  regras 79–85

  snapshots 107

  testes 95–96

análise SWOT 124–125

aquisição de conhecimento 7

  compra de informações 7

artefatos 126–127

B

boa comunicação na equipe 34

C

comando 104

complexidade técnica 27

conjunto de abstrações 91

consistência

  causal 98

  eventual 86

Contexto

  de Colaboração 31

  Delimitado 11–12

cultura empresarial 4

D

desenvolvimento

  estratégico 1

  Orientado a Comportamento (BDD) 37

design

  eficaz 6

estratégico 7–8

tático 9

Domínio Central 13

E

embaralhamento do quadro de tarefas 3

Entidade 74

espaço

  da solução 12

  do problema 12

Especialistas de Domínio 6, 26–27

  interação 131

estilos de aprendizagem XI

estudo de caso

  contextos delimitados 20–23

Evento de Domínio 97–108

  diretrizes 114

exemplos

  política

    diferenças 18

    voo 20

F

fase de manutenção 39

Fornecimento de Eventos 105–107

G

Grande Bola de Lama 16–17, 57–58

L

Linguagem Ubíqua 11, 13, 33–34

  refinada 35

M

Mapeamento de Contexto XIII, 50–51

  Camada Anticorrupção 54–55

  Caminhos Separados 56–57

  Cliente-Fornecedor 53

  Conformista 54

  exemplo 68

  Linguagem Publicada 56

  Núcleo Compartilhado 53–54

  Parceria 52

Serviço de Host Aberto 55

Mapeamento de Impacto 121

mecanismo de mensagens 66

modelagem

  dívida 125–126

  do domínio

    tempo gasto 34

  experimentos 125–126

  temporal 129

Modelo de Domínio Anêmico 86–87

modismos da tecnologia

  a busca dos 4

N

No Design 5

No Estimates 121

O

Objeto de Valor 74–75

Oficina IDDD 3

P

padrão Agregado 9

pressão de prazos inflexíveis 4

Princípio da Responsabilidade Única 81

problema

  comercial

    exemplos 4

  dos conceitos 16

programação funcional 87

Proprietário de Produto 26

Q

quórum 35

R

repositório de código-fonte 14

S

sistemas legados 45

solução

  generalizada 5

solução do Scrum

  problemas 92

Subdomínio 44–48

  tipos 44

T

Tempestade de Eventos 33, 110–121

   implementação 130

   modelo 112

testes

   benefícios 24

     de aceitação 121

     de aceitação e unitários 14

tipos de integração

   Chamadas de Procedimento Remoto (RPC) 60

   HTTP RESTful 61

   mensagens 63

Impressão e Acabamento | Gráfica Viena
www.graficaviena.com.br